趣味休閒

趣味休閒

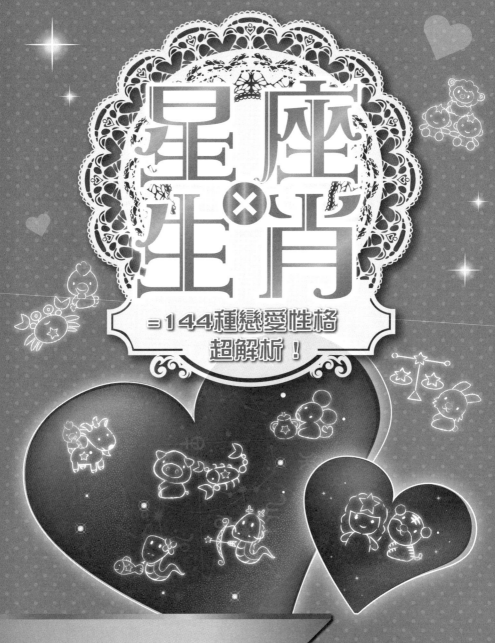

星座×生肖

=144種戀愛性格超解析！

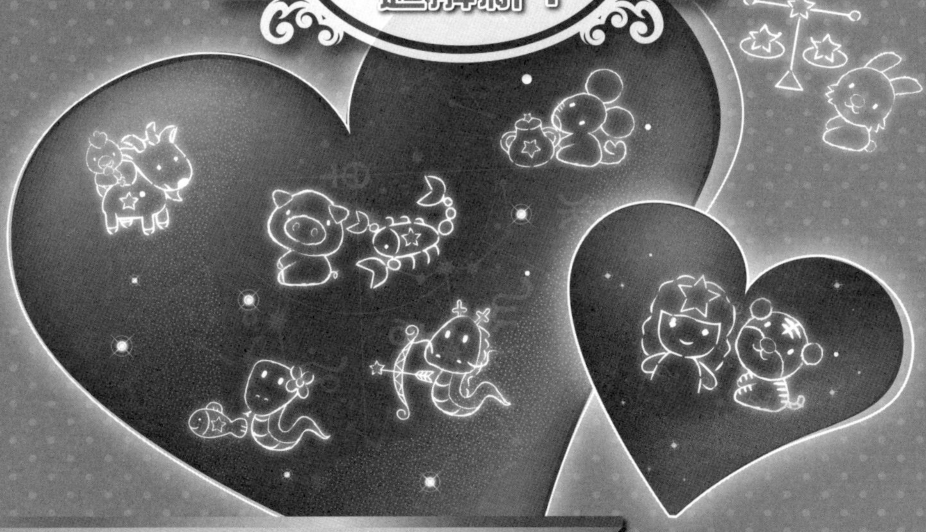

趙心如★編著

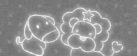

目錄

Chapter01 牡羊座

Chapter02 金牛座

Chapter03　雙子座

Chapter04　巨蟹座

Chapter05 獅子座

Chapter06 處女座

Chapter07 天秤座

Chapter08 天蠍座

Chapter09　射手座

Chapter10　魔羯座

Chapter11 水瓶座

Chapter12 雙魚座

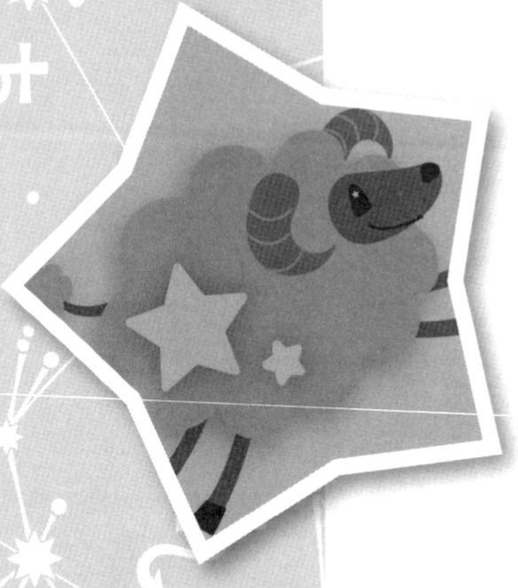

CHAPTER 1
牡羊座

牡羊座的血型鑑定

牡羊座A型

牡羊座A型是個誠懇認真的人，在各種社交場合上，一定是溫文儒雅的紳士淑女，集「貴族氣息」於一身，給人的感覺，就是個「位階」比較高的人。在事業上，由於企圖心旺盛到破表，而且秉持誠懇認真的工作態度，總能不斷受到上司主管的賞識，能成功創造出一番事業。對於感情則容易因為太「認真」，反而顯得不夠浪漫，建議偶爾不妨製造浪漫一下。

他是那種努力工作、認真打拚的「戰鬥民族」，對各種困難的工作，並不會因為艱辛困苦而打消努力的念頭，反而會更積極去面對挑戰，這就是牡羊座A型的天生氣質！他生下來就有果斷明快的處事作風，不怕困難勇往直前！

雖然偶爾脾氣不是很好，可是他通常是「對事不對人」。在面對頂頭上司、長輩及同事時，仍是溫和謙恭的有禮君子，所以在工作事業的運勢，其實是滿順遂的，會得到許多人的幫助，雖然有時個性顯得很強勢，但那都是因為工作的緣故。由於工作努力加上勤奮的天性，所以很得上司及同事的照顧，感覺運氣很不錯，其實這都是自己努力而來的果實。

對於錢財的處理，牡羊座A型雖然不是很會守財，但也是屬於滿會理財的一族，雖然不是理財高手，但是錢財經過牡羊座A型的管理，至少不會隨便浪費掉，有一毛錢就做一毛錢的打算，不會亂花錢去做不必要的消費。因為這樣，是屬於能捍衛自己財富的小富翁。

牡羊座A型在感情方面是深情專一的人，不會東拉西扯一些自己不喜歡的人，幫自己找麻煩；但也不太會表達自己的想法，因而失去很多告白甚至「被告白」的機會，在感情路上，牡羊座A型一定要主動一點，增加自己的愛情行動力，否則別人怎麼會知道你在想什麼呢？

牡羊座B型

牡羊座B型是「暖陽系」的樂天行動派，不管對事或對物，都有著勇者無懼的精神，就算是受到挫折的考驗，也是勇往直前，能夠很認真的化解危機，將危機變成轉機。由於牡羊座的個性很率直，常因為心直口快，在無意之中，講話傷到他人，自己卻不知道。他們的腦袋想得快，這就是牡羊座B型容易得罪人的問題，所以牡羊座B型講話時，要先想個仔細再說出口，小心自己的用字遣詞，如果真的不小心得罪了別人，一定要用真誠的心來安撫別人的不滿。

牡羊座配上B型，這種星座組合，就**有如一個長大但尚未成熟的孩子——「青年以上，成人未滿」**，對任何事都充滿好奇心，但想要對每件事都插手，但又不是每件事都可以做好，因此常常讓自己陷入兩難的困境當中。不過，由於個性不服輸、和強大的好勝心，就算再大的難關也能夠一步跨過去，努力把每一個難關轉化成「完美的狀態」，這就是牡羊座B型天生的個性。所以在工作方面，應該找具挑戰性、有競爭性的工作，比較符合牡羊B型的個性。

牡羊座B型的人，花錢一如他的個性般率直，在消費方面是個「閃靈殺手」，買！買！買！很會花錢，看到喜歡的就買下去，不會考慮太多，牡羊座B型的人總認為：「就算沒錢了，再賺就有，有什麼好怕的啊！」。

牡羊座AB型

牡羊座AB型很敏感，不管在任何場所，行為舉止都很得宜，讓所有身邊的人，都覺得**他是一個謙和有禮的可靠夥伴**。牡羊座AB型對於在工作的專業領域內，可以充分發揮所長，是每個老闆最愛的「即戰力」。對於感情呢？朋友是朋友、情人是情人，他總是能夠劃出「楚河漢界」，分得清清楚楚，不會用曖昧的方式，牽扯出糾纏不清的愛情地雷；處理異性問題非常慎重，因為牡羊座AB型認為終身伴侶不可隨便選擇，這樣馬馬虎虎的亂來，可是超級大傻瓜！

這個星座血型的搭配，降低了牡羊比較衝動的個性，增加了一些內心的智慧，算是個聰慧的「智者」。牡羊座AB型對外界的環境並不是不熱情參與，尤其在面對一些小團體時，更讓人覺得怎麼有這麼小心翼翼的人啊？他不是孤僻或孤傲，只是融入身邊環境的速度比較慢、比較溫和。他比較會先保護自己，靜眼旁觀周遭，再決定是否要加入任何一個新環境之中。

由於個性的關係，牡羊座ＡＢ型對很多事是小心謹慎又仔細，不會隨便熱情參與大夥的事，因此常會讓別人覺得他跟團體格格不入。但他具有很強的工作能力，尤其是在一個團體當中，他絕對是那個頭腦好、口才好，具有調解能力的人，尤其是「解決問題能力」更是發揮得淋漓盡致，是同事可靠的夥伴，在公事上與他人配合愉快，並且能大展神威。

對於財運方面，不但賺錢運很好，連中獎的機會也比別人高，是很強運的人。不過他也很會花錢，因此，可能要稍微控制一下自己不小心就亂花錢的壞習慣，才能真正累積財富，慢慢變成「富翁」一族。

牡羊座ＡＢ型由於個性比較強勢，因此在工作上也是要求表現良好，在感情上呢？他是要做主控的一方，很喜歡控制彼此的相處模式，有時候會讓另一半感到很頭疼，因此當他的伴侶一定要有當個「乖乖牌」的心理準備，聽他的安排及指揮，這樣他會對所愛的一方溫柔又體貼。因為他是個喜歡安穩的兩性關係的人，不是會扮演「花花公子」或「花花小姐」類型人物。

牡羊座O型

牡羊座O型是具有領袖氣質的一型，他們天生擁有領導者的特性，那種「Leadership」的氣質，讓別人想依靠他們工作及生活。負責、認真、樂觀、喜歡助人都是他們的特性，他也喜歡大家

像「宇宙中心」般的圍繞他，所以牡羊座O型的人緣頗佳。但他對感情的付出，給人們的感覺卻是花心一族。其實大家都搞錯了，他們是對家庭很有責任感的，而且是完全毫無保留地對家庭付出一切的人。

牡羊座O型是很有強勢作風，不管男生或女生，都能成為一個團體的領袖級人物。這是因為他們行事果斷、處事明快的個性，不過常因太率直了，常常禍從口出而不自知，因此也常會得罪人，但是他的領袖氣質太強大了！所以無損於他強勢及鐵腕的明快作風。

牡羊座O型那不服輸的個性，對愈難做到的事，愈有挑戰性的工作，甚至是眾人避之唯恐不及的麻煩事情，就愈感興趣！也就是因為這種深存於個性中不服輸的個性（我就不信做不好，我一定要做到最好為止，讓別人瞧瞧我的厲害！）。有時不免會遭遇到一些躲不過的挫折與麻煩，不過，他不會因此而灰心喪志，牡羊座O型絕對會拿出他那高昂的戰鬥力，勇於挑戰，相信「**移山填海，必有成功之日**」。

講到使用金錢方面，牡羊座O型可以說是一個很勇於花用的類型，東西要買好的，質感一定要出眾脫俗，出門一定要請客，搶著結帳是他的個性，不然可是沒面子！這些都是牡羊座O型很會花錢的行為模式，不過他真的很會賺錢也是真的！所以沒在怕的啦！

牡羊座O型在感情方面，跟他對所有事物的堅持一樣，他一定要找到符合自己理想的夢中伴侶，否則他寧可不要任意屈就，但是一旦讓他找到理想中的人物，那他真的**會對另一半好得不得了，閃光放不停，甜蜜蜜過日子**。

牡羊座十十二生肖完全解密

牡羊座的鼠：有野心、有進取心的小老鼠

牡羊座的牛：努力、奮鬥、向前衝的牛

牡羊座的虎：衝動、稍微欠缺一點理性的虎

牡羊座的兔：熱愛自由的兔

牡羊座的龍：負責、認真的飛天龍

牡羊座的蛇：內斂、含蓄的小錦蛇

牡羊座的馬：脾氣不好的馬兒

牡羊座的羊：善於批評、固執己見的羊

牡羊座的猴：性格急躁的山猴子

牡羊座的雞：愛和人鬥嘴的咕咕雞

牡羊座的狗：有科學家精神又訓練有素的狗

牡羊座的豬：善良、純潔、可愛的小豬

牡羊座《鼠》
性格與情感

牡羊座《鼠》是充滿無限魅力的一個組合。因為，牡羊座本來就充滿自信、熱情和希望，很少有挫折可以擊敗他的；而生肖鼠是活潑、健談、脾氣較不固執的個性。這個組合所綜合出來的完美結合，就成了很好相處，可以讓別人來依靠的「銅牆鐵壁」。

牡羊座《鼠》本來就是一個很能發揮自信與魅力的人，而且很會照顧身旁的人，這通常會使得那些依賴他的人，在不知不覺中莫名愛上他。不過，通常因為他在愛情裡是屬於「強勢」的一方，常會造成雙方的困擾與爭執。如果牡羊座《鼠》碰上真正的「理想情人」，可能要**學會放下身段，並且溫柔一點**，或許「理想情人」很欣賞牡羊座《鼠》的辦事能力，不過，無論是誰都喜歡能溫柔對待自己的另一半！

基本上，**牡羊座《鼠》是個很有霸王氣質又熱情如火的人**，在他年輕的時候，總是那麼的「盛氣凌人」，有時真的會讓人喘不過氣而想從他身邊偷偷溜走，不然就得在承受重重的壓力下與牡羊座《鼠》共處。

可是在他年紀漸長之後，個性就會轉化，練到可以「轉職」的等級囉！牡羊座《鼠》豐富的人生經驗及智慧結晶，會帶領他走向一個穩重而誠懇的世界。那時他所散發出來的氣質正是所有年輕人仰慕的王者氣勢與風範喔！

因此，**牡羊座《鼠》在對自己的感情上，是一個隨著年齡變化而有不同表現的人**。他在年輕的時候，是個散發熱力、熱情的紅太陽，因而讓人著迷與喜愛；可是隨著牡羊座《鼠》年齡的增長，人生智慧的層層累積，就有著「成熟性格」的迷人魅力。

但，牡羊座《鼠》有一個缺點：「個性太率直了！」，常常對每件事情都顧前而不顧後，也就是他脾氣太衝動。牡羊座《鼠》適合當那個帶領大家向前衝的主力之箭，而在後方「運籌帷幄」的事就交給有冷靜頭腦的幕僚型夥伴，這樣成功就近在眼前了。（其實，牡羊座《鼠》只要冷靜下來，有個「創新腦袋」的他，也是一個會想出好點子的Leader）。

牡羊座《牛》
性格與情感

牡羊座《牛》真的是有著勤奮樸實兼具熱情活力的性情中人。認識他的朋友都認可他是一位**有超高「意志力」的不凡人物**。不過，牡羊座《牛》在感情的表達上，就真不如在事業的表現了，面對學業、事業，只要擁有「勤」這個字，牡羊座《牛》就能有上天下地的本領。可是當他要面對感情時，那可是要有點「天分」的幫助才能成功，而且最重要的是，牡羊座《牛》的表達能力要夠好，才能讓他心中愛慕的對象，對他感到興趣，才會有交往的機會與空間。

通常，「感情」這兩個字，就是要靠「口語表達」及「行動能力」，才能讓對方有機會了解牡羊座《牛》。偏偏「生肖牛加上牡羊座」似乎在「口才」的能力上沒有甜言蜜語的天分；而在「行動表現」又不夠浪漫動人。因此，牡羊座《牛》總是在感情之路，走起來不是很輕鬆自在。

牡羊座《牛》其實肢體語言不錯，不妨善加利用，讓對方可以由他那溫暖的「觸感」去了解他的深情款款。再運用牡羊座的活潑熱情，來做為升溫的助力；相信會對他的感情生活，有相當大的幫助。可是有一點要非常注意哦！所謂「口語表達」和「行動能力」是必須兩人之間已經擁有互相認識的基礎下來進行，不能是最初相識之時就表現過頭，否則牡羊座《牛》是會把對方給嚇跑的哦！

其實，想追牡羊座《牛》的人，只要了解他的個性，是可以用真誠的心意來打動他的，而且牡羊座《牛》也不喜歡那種過度虛華的表面功夫，他想要的是一個能夠自愛也愛著他的平凡戀人；不要欺騙感情、不用花言巧語，有一顆誠樸的心。

牡羊座《牛》認為，**真正動人的感情，是能放在心裡好好呵護、好好疼惜的，而且是洋溢著熾熱的**（這必須是在兩個人都對「這份感情」認真投入之後，才會表現出來的感覺，絕對不是毛毛躁躁的輕浮表現喔！）。

牡羊座《虎》

性格與情感

牡羊座《虎》有著十足衝勁的熱情人物，對自己的人生總是充滿希望、理想和抱負，唯獨對那種「爾虞我詐」的社會現實，他會受不了而不想面對，甚至想逃開。因為，他是個直腸子的人，對

這個社會、人生，他充滿著理想性，不希望有所謂的「黑暗面」存在。

通常在面對自己的感情生活時，牡羊座《虎》有很吸引人的一些表現。**第一：他不喜歡有太多約束和規範的愛情；第二：很能把自己想要的希望表達出來；第三：通常講話都是直來直往**，不會拐彎抹角，這樣也才有機會把心中的想法說出來；**第四：他很能掌握感情的表達時機。**

其實，在感情生活的世界，牡羊座《虎》可以稱得上是屬於「常勝軍」的一方，一向是個感情的「人生勝利組」。這是因為他的「個性」，談感情不會拖泥帶水，「愛」就說出來；他不會放棄表達每一次能示愛的機會，而且牡羊座《虎》的表現就是那麼「熱烈迷人」，想讓人拒絕都很難找出理由來。

但，牡羊座《虎》的另一半，在平常相處可真是要注意他的一個習性，那就是喜歡新奇好玩、充滿變化的生活，千萬不能太單調、平凡而一成不變，對於活潑好動的牡羊座《虎》來說，會覺得很無聊哦！因此，想和「生肖虎加牡羊座」的他維持親密關係，就要靠自己多增添生活上的小變化和小驚喜來適應他。

由於「生肖虎加牡羊座」是一個好動又有玩心的組合，因此他要記得控制自己的脾氣。當牡羊座《虎》喜歡上一個人的時候，千萬不要三心二意，要記得「專情」一點。

另外，牡羊座《虎》的自我意識太強了，總認為自己是對的，這在好的一面來說，是很積極；但相對來說就是太過於固執了。改進這個缺點，牡羊座《虎》就可以悠遊在奇妙又有趣的人生之中囉！

牡羊座《兔》
性格與情感

牡羊座《兔》是個喜歡關懷身邊事物又充滿愛心的體貼型人物，這是一個星座與血型相輔相成的爆發力組合。從外在表現上，牡羊座《兔》總是顯示出穩定持重而恭謙有禮的態度，很少會給人輕浮且放蕩不羈的感覺。他是聰明內斂而不外露的神祕人物哦！牡羊座《兔》是個智慧滿滿的修道「隱者」，在關鍵時刻才會講出讓大家一聽就懂的大道理，總之想引起大夥注意或是瞬間拿起隱身斗篷消失在眾人面前，通通掌握在牡羊座《兔》的一念之間。

一般人對牡羊座《兔》的印象都很好。由此看來，在感情這條路上，他是不會寂寞的，可是他卻不會因為這樣而亂「放電」，招惹出一些不必要的麻煩。通常牡羊座《兔》對感情，總是認真對待自己內心，**他絕不會去隨隨便便找一份感情寄託，而是會慎重地考慮再三，才下決定要跟心中的「摯愛」共享人生小確幸**。

不過，有時牡羊座《兔》也會有過多的考量和考慮，影響了該下決定的好時機，甚至錯失一個美好的戀愛機會。這是他特別要小心注意的，以免木已成舟，一切都來不及挽回時，才感到傷心和懊惱。

由於牡羊座《兔》對感情很「專情」，應該可以說是非常執著於自己的愛情信念，因此，有可能會在面對感情時，反而因而傷了自己。因為牡羊座《兔》太小心呵護自己的感情，也不輕易把自己心中的感情說出來，反而使對方不太了解牡羊座《兔》想傳達的心意，而造成雙方的困擾，因而影響了感情。

牡羊座《兔》要特別小心，別讓自己陷入這種苦戀之中。牡羊座《兔》也是一個很「好」面子的人，有時候可能在面對感情放不下自己的「身段」，這對牡羊座《兔》一點好處都沒有！應該要去爭取自己真正喜歡的、想要的，找到「命中注定愛上你」般的戀人，這才能對自己的感情生活有個交待。

其實，牡羊座《兔》是很有藝術氣息的哦！他鑑賞各式各樣的事物時，所展現出來那不凡的眼光，是眾人有目共睹的。所以在感情上，相信他挑一個情人的專精能力，應該也是頗具水準，只要牡羊座《兔》拿出熱情、勇氣，相信「感情生活」對他來說，並不是難題，而是順利得就像溜滑梯般輕鬆自在。

牡羊座《兔》在面對「壓力」的處理能力比較差，容易因緊張造成失態，會造成他對自己的不滿而憤怒不已！牡羊座《兔》要學著去改變這一個弱點，如此才能像偷得浮生半日閒一般開開心心地過自己理想中的生活。

牡羊座《龍》
性格與情感

牡羊座《龍》在各方面都可以表現得很優秀，總而言之，就是一個總是「龍飛鳳舞」的高階人

物，但他在感情生活面，似乎比較保守一點，那是因為他會小心翼翼並且謹慎仔細地看待自己的感情；換句話說，他就是屬於會對感情做出負責的誠實態度的類型。通常牡羊座《龍》的男女，對感情的定義不太相同。**女生是把感情生活看得很重要，事業則在其次**。可是這種星座與生肖所組成的男生，那就大不相同了，**事業才是全部生活的重心**，因為也只有這樣，才能獲取並顯露自己的地位。不過，在這個生肖龍和牡羊座的搭配中，男生的他，卻是一個很重視「感情生活」滿意度的男生，如果跟牡羊座《龍》男生在一起，可是和其他組合的男生，有著完全不同的感覺，最大的差異，就是他很注重男女雙方是否能互相尊重、互動是否有趣等等的細節上面。

「生肖龍和牡羊座」的他，不論是男或是女，都是對感情的忠實捍衛者。因此，牡羊座《龍》對感情的態度是比較慎重小心的，而不是馬虎度日、得過且過。他們對「感情」的態度，並不會讓身旁的人產生任何錯覺，因為牡羊座《龍》非常挑剔，也非常忠於自己的感情。

基本上，這是他一種負責任的優良態度，能認識他並與他交往的人，從初識、表白、相戀，甚至到結婚與攜手到老，真的是很幸福快樂又美滿！能跟牡羊座《龍》在一起過日子，可是很幸運喔！

在面對人生的挑戰上，牡羊座《龍》是不怕挫折的，總有向前衝的勇氣！在這一點上，是任何身邊的人都不會否認的！因此，就算是遇到失敗或不理想的事情，他都會想辦法去改善，最後讓事情往最優化的方向走，這就是個性樂觀的牡羊座《龍》！可是在控制脾氣上，反而需要好好修練一下，只要讓脾氣不要像暴風雨一樣那麼「衝」的牡羊座《龍》，就會是「天下無雙」的一方之霸。

牡羊座《蛇》
性格與情感

通常牡羊座《蛇》有著非常靈活的個性與氣質。不但頭腦很清楚，而且思緒也條理分明。但他是個需要有人給予掌聲和讚美的好勝之人，一旦被身邊的大家所認同，他可是會很帶勁的努力工作哦！

雖然牡羊座《蛇》有一個很善於變化的頭腦，也很能在各方面有好的表現與成就，但要知道，現在不論做什麼事，都是需要大家同心協力，必須團結一致、群策群力，才能產出好結果的時代。偏偏他似乎和同輩之間，有些「溝通失調」。牡羊座《蛇》真的是需要學會多聽一聽大家的意見。

在感情生活中，**牡羊座《蛇》是一個滿懷「愛」的人物，不但希望能被疼愛，也非常需要安全感**，反過來，也希望能用自己的「愛」去關懷身邊的每一個人。所以，在這個「生肖蛇和牡羊座」的組合，對感情，可是會採取主動追求的態度與信念，也很能夠讓對方感受到自己熱情的「存在感」，但牡羊座《蛇》的「占有欲」比較強，有些會讓另一半受不了！如果牡羊座《蛇》能學著適當放鬆一點，或許在感情之路會走得比較順遂：「能得到所愛，也能被人愛。」

其實，每個人活在世上，都脫離不了存在「感情」的生活世界，只不過有的人走得辛苦，有的人走得輕鬆。對於「生肖蛇和牡羊座」的他來說，通常感情之路都算是順遂。因此，跟牡羊座《蛇》在一起很幸福哦！但對於個性上的掌握，比較需要鼓勵及讚美的他，也別忘了太多的掌聲就成了虛偽的假象。若能靠自己分辨出真假，就沒問題了。

牡羊座《馬》
性格與情感

牡羊座《馬》真的是如馬兒般，動作很敏銳，行動又迅速，整個人很有朝氣。再加上牡羊座的積極，牡羊座《馬》讓大家感覺他活力十足、朝氣蓬勃。只不過，有時候因為太相信自己的能力而咄咄逼人，會讓別人覺得他真的不太好相處，所以牡羊座《馬》要學會不要顯露自己過度的自信，真的！個性溫和一點比較好。

在感情生活上，**牡羊座《馬》並不是一個會把「感情」當成生活重心的人**，因為在這個世上有很多讓他感興趣的事，甚至可以佔滿他所有的時間。但看他這樣忙來忙去，連旁邊的人都要幫他窮緊張，懷疑他是不是過動了？當然，牡羊座《馬》也會遇到那種突然讓他「一見鍾情」的類型，讓他在短期之內，深深陷入愛戀，一旦陷下去，可是濃情蜜意，閃光放個不停。可惜很少能在他身上找到那種長久的愛戀之情。因此，建議在偶遇一段新戀情時，應該要仔細去品味、去感受，說不定牡羊座《馬》能從中嚐到愛情「芬香甘醇」的味道。

其實，牡羊座《馬》有一個很清楚明白的聰慧頭腦，對每一件事物（包括感情），都會牢牢的記在他的內心深處，他也看得非常清楚明白；只是牡羊座《馬》總是缺少了那一點點的「耐性」。他常常不小心放電，電到一些人來追求他，建議牡羊座《馬》不妨在「感情」上多放一些心思，不要老是談那種如同「閃電雷雨」般的感情，才會發現這種慢慢去體驗彼此情感的步調，越談會越覺得香醇芬芳。

在個性方面，牡羊座《馬》很有打拚向上的精神，會去為自己的前途奮鬥，但就是太直率了一點，說不定有時容易得罪到「KeyPerson」，等於把石頭搬來砸自己的腳！牡羊座《馬》不妨在每次要講話之前，事先仔細想想，在心中潤一潤「說話稿」，應該會對自己的事業與工作加分。

另外，牡羊座《馬》的身體狀況不錯，常常可以保持在巔峰狀態。善加利用自己優秀的體能，多上一些成長課程，多為事業衝刺，這樣會比較適合牡羊座《馬》的個性。

牡羊座《羊》性格與情感

好個牡羊座《羊》！「生肖羊又加牡羊座」，這可是個「羊＋羊」的組合，只是牡羊座的個性、思想及行為，都比生肖羊要來得強烈，不像生肖羊的基本個性比較柔和。當然，在「羊＋羊」組合發生之後，他可能會變得不是那麼剛強，變得比較柔和些。原本牡羊座的感情比較強勢，總是想展現出「我就是要這樣，不然要怎樣」的態度，還好加入並調合了生肖羊較為溫和的感情觀。

當然，牡羊座《羊》是希望有「愛」的感覺，不管是愛人或是被愛，他都能好好的享受那種悠遊自在，因此，他對自己的感情生活會放入較多的心思在上面。

當然，牡羊座《羊》是不會隨隨便便找個「還算能接受」的異性，去談一段「雞肋感情」，對於「食之無味，棄之可惜」的戀愛，對他反而是一種「無止盡的折磨」，雖然牡羊座比較強勢，可是基本上卻是個愛面子的人，一定要得到讚美才行。生肖羊是性情溫和比較依賴別人，綜合起來，牡羊座《羊》對於自己的感情是比較謹慎與小心的。

而且他對感情是屬於「深邃理智型」，謹慎小心的情緒是不會隨隨便便、莽莽撞撞的。因此，有時會給人比較冷漠感，呵呵！這不過是牡羊座的傲氣加上生肖羊的謹慎罷了。所以，在此要說：**要操作牡羊座《羊》的「愛情分析儀」，是需要有一點「衝動」和「傻勁」才能去找到投入感情的「執行程式」**。

牡羊座《羊》不要太過「傲氣逼人」的給人壓力，或太過「小心謹慎」，讓愛人抓不到該靠近還是該離開的時機，要調整對另一半的相處方式，經過這樣的改進，相信牡羊座《羊》一定會擁有愉快的感情生活。

其實，只要在牡羊座《羊》接受一段他認定的感情之後，他會為對方毫無保留的付出和犧牲奉獻自己的所有，會讓對方覺得談戀愛時的他真是「判若兩人」，怎麼和之前認識的時候，差這麼多呢？其實那是因為牡羊座《羊》在還沒決定他的「愛情摯友」之前，總是比較慎重小心。

雖說他不算是個會嘮嘮叨叨的人，可是隨著年齡漸漸增長，總是會有一些因為「雜念」造成的煩人「碎唸」，這可牡羊座《羊》以後要特別注意的地方，通常愛唸來唸去的人，可是會隨著年齡而愈來愈嚴重哦！要克制這種困擾他人的傾向，想清楚再講話而且講一次就夠了啦！

牡羊座《猴》
性格與情感

和牡羊座《猴》在一起，絕對不會有無聊的時候，大家一起「笑咪咪！」。因為，「愛說話」、「愛逗人」是他的特點。通常會有這些表現的人也是聰明絕頂，只要和牡羊座《猴》在一起相處久的人，都會受不了他太吵、太愛鬧的行為表現，大家有時真想讓他安靜一點。

牡羊座《猴》在感情世界中，可是擁有魅力十足的吸引力！可是牡羊座《猴》自己卻很了解自己的個性，他不會有什麼「歪」念頭，在愛情中有原則與規矩，牡羊座《猴》是一定會乖乖遵守的。

在人際關係的處理上，牡羊座《猴》很能發揮自己的專長，控制自己與別人相處關係的分際，因此要好好把握這個特點，讓自己能邁向穩健的成功之路。

牡羊座《猴》在談感情的時候，會投入火球般的熱愛！非常熱衷於經營彼此之間的關係，這是能讓另一半深深感受到的。只不過，在這樣熱情的同時，牡羊座《猴》可能對一個會走向「婚姻」的情侶關係，希望能先找到彼此的共識，並且充分溝通，一切要談得清清楚楚、明明白白，這樣才能讓自己與另一半未來的感情生活，形成穩定的狀態，這樣他才會安心的與另一半穩定地下去。

不過，要說牡羊座《猴》對感情不太專一，那就太污辱他了。當他認真於一段感情的時候，可是非常專心，不會三心二意，就算是遠距離戀愛，他也會「遙距溝通」，跟情人用他特有的「呼喚」能力與對方連線。因此**其他情侶最怕的「遠距戀」，對他而言反而更加炙熱**。但矛盾的他卻不能保證這是永久的感情，主要是牡羊座《猴》很多時候無法做出明確的抉擇。

在面對感情時，應該要自己想清楚，千萬不要表現出「猶豫不定」、「風吹葉兒動」的樣子，如果不能「不動如山」，這樣會讓戀人產生不信任的感覺，對彼此的感情生活來說，更是一項沉重的負擔。

牡羊座《雞》
性格與情感

牡羊座《雞》不但有著生肖雞的機靈頭腦，在工作上的自我要求，更有著牡羊座愛打拚的精神。因此，是個積極努力、奮勇向前的「企業戰士」。他有很積極進取的人生觀，不但對自己的前途充滿著理想和抱負，更是個喜歡對朋友提供諸多幫助的人。他是個閒不住的角色，永遠都是那麼忙碌，讓自己的生活多采多姿。

牡羊座《雞》對感情生活似乎是屬於「執著與保守」的，也就是他有著一般傳統的價值觀，認為在婚姻與愛情中，要遵守普世價值認定的規矩法則，因此他不會是一個「單身主義者」或「不婚族」，在什麼時候該結婚，給愛人應有的幸福婚姻與婚後要繼續戀愛的嚮往，牡羊座《雞》都認為是應該且理所當然的。

因此，他對另一半的感情表現上，會顯露出自己傳統思維的行為表現，這是每個「生肖雞和牡羊座」認定本來就應該要這麼做的。當牡羊座《雞》的愛情升溫到「化蛹成蝶」時，就是要負起責任、認真為彼此的未來打拚，在對方的心中創造一個優質的理想情人的時候了。

他可以為他的情人犧牲自我，做出很大奉獻。這是他對個人感情表現的絕對定義，牡羊座《雞》喜歡用這樣做來肯定自我。和他在對人生事業上的表現與態度大致相同（牡羊座《雞》對於事業很有打拚的精神與毅力，不會半途而廢，熱情的向既定的人生目標穩健邁進）。同理，牡羊座《雞》也會多放一點熱戀和激情在自己的感情生活上，常常有溫暖、動人的體貼行為出現。

牡羊座《雞》喜歡遵從傳統禮教的法則，他會照著規矩來，不會讓情感的溫度忽高忽低，讓戀人感受苦痛。在感情生活的表現上，牡羊座《雞》能表現出他對工作事業同樣的熱情和用心。因此，不會出現把彼此的愛戀搞砸，而能同時把心思用在戀愛與事業上，不會忽略眼前該注意的事，不會傻到做出得不償失的事情來。

牡羊座《狗》 性格與情感

生肖狗本就是既積極勤奮又兼具十足的毅力，很少會有什麼挫折可以擊倒他。當然，在面對難以解決的困難時，牡羊座也是靠意志力能將問題一一拆解，運用分段處理的方式來解決人生困境。基本上，牡羊座《狗》的這個組合，是個可以讓人信賴的好朋友。

在感情生活上，他不太願意跟太多人分享，不喜歡讓外人太了解自己的個人想法，並討厭不相干的人介入自己的感情生活，只希望能和自己心愛的人共同享受甜蜜的兩人世界。牡羊座《狗》這種對感情的態度，或許有的人會無法接受，可是對他來說，談感情本來就是小倆口之間的事，關別人什麼事。

另外，牡羊座《狗》可是對「感情忠誠」要求很高的人，他無法容忍不忠實及花言巧語有任何容忍，雖然這個點也是很多人不能接受，只是他表現出來的外顯行為更為強烈，只要讓他發現有一點「背叛徵兆」，讓他感覺不對勁，經過仔細確實求證之後，這段感情就會劃上休止符，沒有轉圜的餘地。**對於有「背叛本能」的討厭傢伙，牡羊座《狗》是不會給對方機會的**。

當然，牡羊座《狗》感情的關鍵定義，是隨著年齡而不停更改及轉換的。當他年齡漸長時，會對於這份感情是真是假有所分辨，不會在一開始就把感情直接投入，而會先試著了解自己心中對這份感情的看法與體悟，而避免傷害自己。

在面對各式各樣的挑戰和困難，牡羊座《狗》是一個極具勇氣的人哦！當然，奮力向上是必須的，他自己非常懂得這進退之間的道理。牡羊座《狗》通常在確定一切無誤之後，就會立馬將目標付諸實現。

牡羊座《豬》

性格與情感

牡羊座《豬》對感情的態度，一點都不像他在工作上那樣「刁鑽難纏」，反而給人有些過於溫

柔和緩的感覺，像個「超凡大師」，似乎是隱然於世上，一切無所爭無所求的樣子。在感情生活上，他希望自己是平平順順，過過小日子就好，最好一切是在很順利的情形之下，就能產生與愛慕的人擦出火花，讓自己與戀人能好好品嚐這愛情的甜蜜果實。

通常牡羊座《豬》的感情生活，都是發生在彼此互相依靠之間，這話怎麼說呢？因為他身邊的人幾乎都會對他很依賴，那當然就會在不知不覺中產生情愫，這通常也不是他能事先預料的，牡羊座《豬》自己無法掌握與控制他的感情，所以愛情總是在不自知的狀態中發生。

這時就要注意，並不是每段感情都適合牡羊座《豬》去談，總有不適合付出的感情對象，要懂得拒絕，不要來者不拒，要學會說出拒絕的話，不要不知道該如何開口；要學習在拒絕他人時，不要傷害到對方的心。**當試自己用心去體會**自己所希望的是什麼樣的感情，相信**一定可以尋找到屬於自己的「真愛」**。

然而在日常的學業、工作、事業方面，牡羊座《豬》是一個很具有競爭力的對手，因為他內心充滿接受挑戰的勇氣及毅力，只不過在打拚個人生涯的同時，可不要以「壓低別人來抬高自己」的做人態度。這樣日積月累下來，可是很容易得罪很多人！樹敵太多對牡羊座《豬》非常不恰當，對自己不好的傻事別做也罷，而且這個社會是「朋友愈多，對自己愈有利」的人脈世界，千萬要小心謹慎的對待身邊的人哦！

CHAPTER 2
金牛座

金牛座的血型鑑定

金牛座A型

金牛座A型個性保守，並且固執，所以決定了一件事以後，就不會改變既定的想法。這樣有好有壞，好處是能不優柔寡斷而專注，能把事情做得很好；壞處就是做一件事時，就沒辦法做其他的事，而且有時候做錯了，也認為只要再多考慮周詳就可以改正了；明明沒路了，還是要走進死巷子裡。

對於感情**是體貼溫柔的浪漫戀人**，金牛座A型就是**會幫另一半戴上「愛心的皇冠」**那種類型的王子，真是讓人不禁為他著迷。但是他們的弱點：「不善表達」，常常會讓金牛座A型錯失良機。

金牛座A型是屬於太固執的一型，雖然在為人處事上，給親朋好友、上司的印象是努力工作、謙恭有禮的人物，但是還是有火爆的牛脾氣，很多事情跟他是講不通的，讓人不知道要如何與金牛座A型相處（真是傷腦筋啊！）。因為一旦他決定的事，那可是改都改不了的。金牛座A型在平日處事上，不太愛與別人往來，這是木訥、溫和的個性才有的表現，但是一旦彼此成為好朋友，就是相知相惜，能做一輩子的好朋友。

金牛座A型在使用金錢方面，常以「收入」多少來衡量「支出」的概念，追求「自然而然的均衡」是他的目標，金牛座A型不會任意消費，能成為量入為出、精打細算的理財高手。而在情感方面是個謹慎保守型。因此，容易陷於讓人心煩不已的苦戀。或許讓金牛座A型學習如何去積極努力，可以獲得更優質的情感生活。

金牛座B型

金牛座B型的人，因為忠厚老實，對於時髦的事情是無法苟同及學習的，他們認為只要努力，總有一天會遇到賞識他們的人。

碰到喜歡的人，金牛座B型**會展現自己的獨特魅力來吸引對方，而且一旦相戀，金牛座B型的他會毫不保留的將全心付出，終此一生不變**。這個星座血型的搭配，表現出來的就是太過於保守，很多事情是不急不徐地做（是「慢慢來比較快」的意思嗎？），而且是自己悶不吭聲做，優點是很能表現金牛座B型堅忍不拔的精神，而且不容易被失敗擊倒。

由於金牛座B型個性太過正直的關係，雖然很會照顧人，不過也常常連自己得罪別人而不自知，如果能將這「牛」脾氣改一改，那麼會讓他的個性更加的和善及圓融。

金牛座B型對於個人的工作，不認為一定要找到與自己興趣相投的事業，但是很努力不懈、認真負責於自己的工作。由於脾氣及個性的關係，在工作場合可能偶爾會與同事有所衝突。金牛座B

型記得一定要讓自己有協調、溝通的能力。此外，工作就是讓自己學習成長，不要生活在自己的堡壘中。

金牛座B型的金錢觀念，也是以節省消費、量入為出為主，只是他看到喜歡的東西，總是忍不住，會無法克制的花大筆鈔票來購買。不過，基本上的克制力還是有的，其實不用太擔心。金牛座B型對於感情是很會表現自己的，尤其是在喜歡的人面前，通常很能獲得愛人的心，是個示愛高手。

金牛座AB型

金牛座的AB型的特質是思路清晰，不會去做不考慮後果的事，因為**他們的思緒如此縝密，身為一個擁有「控場技能（Crowd Control）」的高階人才，每一件事情從發生到處理的流程，都在他們的掌控之中**。由於他過於理智，金牛座AB型對感情也是非常慎重，不會輕易下決定。但是，一旦有了目標一定是全心付出的。

金牛座AB型遇到事情時，不但能講得清清楚楚，更是處理得有條不紊。因此，大家都很信任金牛座。不過，有時太過講求條理、按照規矩，反而讓別人受不了，心中OS：「怎麼會有這麼死腦筋的人！？」，金牛座AB型在行為處事上是以自己為中心，事情要完全照自己的計畫來進行，不能稍有差池，也不容許被破壞。這裡的破壞，就是別人不能來干涉他，完全要以他自己為中心，這樣有時會讓旁人受不了的。

金牛座ＡＢ型對金錢很有概念，他不會浪費花用，非常仔細的量入為出，幸好他不會過著苛刻自己的生活，不會節省到虧待自己。雖然，錢對他來說是安全感的來源，不過對金牛座ＡＢ型來說，該享受的總是少不了的。因此對於他的感情觀，可是要和金錢劃上等號。

他常常要求自己的生活中，要擁有十足安全感，而婚姻生活最大的安全感是什麼呢？就是要讓生活不虞匱乏，而這個先決條件，就是要有經濟能力。另外，他們挑選另一半的標準也是很嚴苛的，想追求金牛座的朋友，要先下一些工夫哦！

金牛座O型

金牛座O型的人屬於成熟穩重型，很有自我意識，是個「嚴以律己、寬以待人」的星座血型，對工作絕對是全力以赴，不會敷衍了事。挑選對象時，是內在的氣質涵養重於亮眼的外表，所以對感情是慎重認真，一絲也不肯鬆懈的，也由於如此，會造成對方過大的壓力。金牛座O型雖然心思細膩又很小心，可是太過於謹慎。因此，對於別人的意見，比較會持著保留的態度，這樣有時會造成一些不必要的誤會。

在個人做事與跟他人交往上，金牛座O型往往都是我行我素，不願受到別人的干擾，希望大家離他遠一點。因此在人際關係上，會有些格格不入的感覺，這點必須要改進，金牛座O型並不是與人不和，而是比較有自己的主見，但卻又不善於表達真正想說的意思，因此，他與別人對某些事物的看法，偶爾存在一些不小的差距。

金牛座O型是所有金牛座當中，比較不會在意金錢的一個星座，或許是因為財運不錯的緣故，因此對於錢財比較不會去節省，喜歡的就買下去囉！不過建議還是要在收入支出上做做筆記，注意量入為出，以免財務狀況出現空窗。

對於戀情來說，金牛座O型是認定那一人就不會更改的個性。因此，**愛人就是要愛他一輩子**。所以**當金牛座O型的伴侶是很幸福的**，不過，他醋勁也很大哦！金牛座O型的愛情是慢慢升溫的類型，當溫度到達了燃點，就可以看到他熱情的一面。他也是浪漫又喜歡享受的人，而討厭與情人關係的改變，因為他喜歡感情穩定的安全感。

金牛座O型一旦愛上另一半，就會捨不得彼此已經建立的關係與默契，就算這時候才發現兩個人有時會發生想法上的衝突，他也不會馬上放棄，而是積極與對方重修於好，所以金牛座O型在鬧脾氣時，只要溫柔地安撫他，就能讓他安定下來。

金牛座十十二生肖完全解密

金牛座的鼠：具魅力、受歡迎的金錢鼠

金牛座的牛：溫柔的牛

金牛座的虎：均衡的個性、溫和的老虎

金牛座的兔：溫良恭儉讓的兔

金牛座的龍：有天賦又才華洋溢的飛龍

金牛座的蛇：正直、忠心的蛇

金牛座的馬：為他人著想的貼心馬兒

金牛座的羊：魅力四射，內在迷糊的怪怪羊

金牛座的猴：最會為他人設想的猴

金牛座的雞：天生高貴的雞

金牛座的狗：忠實、精明的狗

金牛座的豬：光芒耀眼的豬

金牛座《鼠》性格與情感

金牛座《鼠》是一個具有綜合意義的結合，而且能在個性的優缺點有「互補」的作用。生肖鼠比較外向而內心卻存有不定性；而金牛座是個以穩定發展著稱的星座，所以這種配合，可以讓生肖鼠比較穩定，讓金牛座不要太呆板。

當然，在生活中的個性，一定都是二面皆有。在感情生活上，生肖鼠比較會不顧一切的投注在戀愛裡，並享受其中的樂趣（也就是屬於心理、精神上的享受）。而金牛座就不同了，是一種以穩重持久的態度來面對感情。不過，金牛座本來就是對感情比較在乎與看重的星座，因此在與雙方感情和諧與否上，較為慎重小心。

基本上，生肖鼠和金牛座的組合，在對另一半時很活潑，其實在心裡是非常慎重的，而可能有時讓對方會有被束縛而無法動彈的感覺。因為金牛座本身對愛的占有欲比較重，或許有時會讓對方喘不過氣。

金牛座《鼠》在個性上不要太固守於自己的思想。雖然保守沒有不好（這是好聽的講法，其實是在個性上有些固執），但應該要多放開心胸，去接受更多不同的美好新事物，打開生命中的「美麗新世界」，如此才可讓自己成長。金牛座《鼠》或許在事業上偶爾有小小的不順利，讓他產生煩躁不已的感覺，但是只要拿出和順的個性，多聽一聽別人的意見，相信對自己會很有好處的。

金牛座《牛》性格與情感

金牛座《牛》是一個非常值得讓人信任和依賴的好夥伴。基本上，他很有責任感又有堅強的意志力，值得讓人依靠。雖然他在個性和動作上，似乎慢了一點，但這是沒辦法的事。因為，他不但生肖屬牛，星座又是金牛座：「牛＋牛，一切慢慢磨！」，不過，金牛座《牛》卻因為成熟穩重，很適合成為團隊的一員。

金牛座《牛》在人生態度上，真是本著二頭勤奮「牛」的本性工作著（生肖牛和金牛座）。因此可想而知容易會有固執而不知變通的情形出現，要想更改他的本性可能沒那麼簡單。不過，這表示他對工作一定會全力以赴的。在工作上很有朝氣又充滿活力，大家都認為跟著他一起做事，會很有被保護的感覺。金牛座《牛》可是讓人感覺到很安心和可靠的人哦！

在對「感情」方面：**外表這個條件，很少會讓金牛座《牛》產生興趣**，因為他比較不重視外在的修飾。**他認為真正重要的是另一半的「內心」**，外表不過是表象，被騙的話那可就糟了！而在真正談了感情之後，他當然是全心的付出，不過對方卻容易覺得受不了（為什麼呢？因為，他天生就是占有欲很重，總是希望對方的一舉一動，都要讓他知道與掌握才可以），這種感情模式，在剛開始談戀愛時，會覺得像甜蜜的關心還不錯，可是日子久了，就會變成一種束縛，讓對方喘不過氣來。

當然，在談感情時，是需要雙向溝通的，如果覺得生肖牛的金牛座讓人受不了，可以試著慢慢與戀人一起改善，做正確且有效的溝通，那麼感覺才會漸漸變好。金牛座《牛》自己也要學習「感情的相處之道」。

金牛座《虎》
性格與情感

或許大家看到這個組合，會認為金牛座《虎》可能對「感情」不是那麼在意，那就「大錯特錯」了。這個生肖虎金牛座的搭配，對「感情」可是很有自己的一套看法，而且認為「感情」是生活中很重要的一個部分。由於他對「感情」的看重，當然必定會成為生活中的重心。對於「感情」的追求，不論是男、女，在遇到喜歡的對象時，都會採取主動，這樣才能找到心中的理想情人。

當然啦！和他談感情是不會寂寞的，因為他會想盡辦法讓對方開心。不過，金牛座《虎》占有欲似乎比較強烈。這是一種相對的表現，本身對感情很重視，那當然占有欲就會比較強。**在「愛情」領域，不論有多麼困難，都會以另一半為優先考量**。（可以看得出來，生肖虎金牛座是多麼以愛為優先的人，什麼事都比不上珍重這段「愛情」對自己的重要性。）

通常大家對金牛座的印象，是限於「守成」的感覺，但生肖虎是很有鬥志又具有行動力的。因此，在個性的配合上，他對於自己未來的前途、對於工作的發展性，金牛座《虎》是會產生一股強勁力量來輔助自己成功的！他不但有吃苦耐勞的個性（金牛座），更有不怕困難往前衝的性格（生肖虎）；因此，不妨在自己的事業和工作上多多下工夫，別浪費了這個天生具備的「優越本性」。

金牛座《兔》性格與情感

金牛座《兔》有時會給人一種矛盾的感覺。因為，生肖兔個性比較溫和，不願與人起衝突，也比較沒有野心；可是金牛座卻是野心勃勃，奮發積極。因此，金牛座《兔》在個性上有必須好好協調的地方。

在他的事業規劃方面算是很溫和的，沒有想要成為雄霸一方的大富翁，只要能安家立業就好了。可是這並不表示他工作能力不持久、沒恆心哦！這只能說金牛座《兔》比較與世無爭。對自己該盡的本分一定會努力到底，負起應盡的責任，不會半途而廢。

那他是不是對於自己的前途不努力又不積極呢？當然不是。金牛座《兔》一定會一步步的往上努力，不論如何，「成功」當然是金牛座所追尋的目標，只不過加進溫和的生肖兔，而讓人有比較沒有那麼汲汲營營的感覺。

通常在感情生活上：金牛座《兔》不喜歡太過於炫耀，一直「放閃光」的情感生活，最好是甜蜜溫馨的類型。因為，生肖兔本來就是在愛情表現較溫和，而且認為「感情」是小倆口之間的事，不需要大肆宣揚；一方面金牛座占有欲較強，當然希望愛人是自己的「專屬情人」啦！

雖說金牛座《兔》喜歡掌控對方，但卻不是一個會去依賴對方的人，總是希望雙方都能各自擁有獨立的生活，不要有一個太黏膩的另一半。

金牛座《兔》的感情是優雅又獨立，希望另一半能是個獨立自主，有自己「自主意識」，而且不要每件事情都要等他下決定才知道怎麼去做的人。因此，金牛座《兔》傾向需要雙方都具有自己看法的戀愛關係；金牛座《兔》喜歡過著不依賴、能獨立又有情趣的感情生活。

金牛座《龍》
性格與情感

當金牛座《龍》有了對象時，他一定會用盡心力去追求。當然，他對感情並沒有要求一定要轟轟烈烈的熱愛，金牛座《龍》需要比較溫和的感情。不過，在表達感情上呢，卻不會是拐彎抹角地說，而是明明白白表達自己的感情與愛慕，有愛就說出來。

如果要為金牛座《龍》的感情忠誠度打分數，那他真的可以拿到「最佳模範獎」，因為**他對另一半很誠實、很清楚明白，一定會用最能表現「愛」的方式來表明自己的心意**。相對的，金牛座《龍》也很容易相信另一半，相信另一半也是對感情忠誠的，因此有時會受騙上當，這點自己一定要特別注意，不要被對方的忠厚表相給騙了。「感情」是一輩子的事，小心一點比較好。

在感情世界，他可以為「愛」而放棄很多原來就擁有的東西。在此要特別勸金牛座《龍》，雖說感情對一個人是很重要的事，不過並不是全部，不要把自己一生的幸福拿來開玩笑，一定要慎重、小心一點。

在面對工作與事業上，金牛座《龍》容易有患得患失的個性，總是好像缺少了一些什麼。因為吸收力不佳，也容易讓自己陷入恐懼之中，所以會在無形之中，給自己很多不必要的壓力。金牛座《龍》要自己去適應環境的能力，相信這樣必定能改善這種患得患失的個性。

金牛座《蛇》性格與情感

不論是生肖蛇或金牛座，都是愛欣賞唯美的事物，並對具有藝術氣息的物品，有著很深的特殊品味。因此可想而知，金牛座《蛇》對於感情上的要求，一定也是偏向有美麗氣質的愛情。金牛座《蛇》在面對感情時，是很注重唯美與浪漫的，因此常會陷入虛華炫目的陷阱之中。自己一定要好好注意這一點，並且找出辦法避開這種表面與現實不符的騙局。

在感情世界中，**金牛座《蛇》是一個很能發揮他身為浪漫情人的本質，可以讓自己變成一個受異性歡迎的人**。這是因為他不但有生肖蛇的浪漫天性，也能夠融合金牛座勤奮務實的天性卻不花言巧語的特質。

不過，在面對感情時，金牛座《蛇》可能占有欲會比較強，有時會讓另一半受不了！不論是感情再好的一對戀人，總是希望能在兩人世界之外，也有屬於自己的空間，而不要老是分分秒秒被情人掌控，讓彼此能在感情世界裡，分清楚兩個人的相處界線，不要讓個人的過度堅持毀壞了一起建立的美好愛情。

在人生工作事業上，生肖蛇光看樣子，就知道屬於溫和又有協調性的人；而金牛座有執著的個性。因此，有時候金牛座《蛇》也會顯得比較固執而不好溝通，這時候就要靠生肖蛇的順從來改變金牛座的頑固，相信會綜合出在面對工作事業上，能有意志力和持續力的優良個性。

金牛座《蛇》能好好發揮自己的天賦能力，儘量的分辨自己未來的正確之路，而去除不好的選擇，在工作與事業上，他有快速適應新環境的特性，成功對他來說是輕而易舉的。

金牛座《馬》

性格與情感

感情對金牛座《馬》來說，並不是他生命的重點，但卻是日常生活中，必須去注意的一個環節，畢竟所有人都怕寂寞與孤獨，金牛座《馬》當然也不例外。生肖馬有著自己的才幹，因此常常聽到大家的讚賞。而金牛座有比較實在的個性，任何的生活享受或感情生活，都是在有了安穩的經濟基礎之後，才去談戀愛；所有金牛座《馬》難免被歸類為不夠浪漫一族喔！

就算他有了感情生活，也不願讓這一切成為大家注意的焦點，不管怎麼說，他認為：「感情是自己的事」，不願讓自己的戀情成為眾人的話題。

金牛座《馬》對感情的表達比較內向，不妨熱情大方一點。當然他也希望能擁有愛情的，只是他會考慮現實的問題，而不是單方面去享受自己的感情，在這些現實的問題中，包括兩人之間的生活背景、學歷、家世等等；不是說金牛座《馬》太過現實，而是這些真的會影響到兩人日後的感情持續力。眼前若在熱戀當中，當然感覺沒什麼差囉！可是往後的日子很長，要多想清楚。

原本「馬兒」就是生性很善良，又沒什麼壞心眼；再加上金牛座的誠懇質樸及努力不懈，相信他在工作與事業上，能有很大的發揮空間。但是他的缺點是對自己比較缺乏信心。生肖馬很活潑但是競爭心不強，而金牛座通常是很守本分的星座，所以金牛座《馬》要加強在自信方面的訓練。

金牛座《羊》性格與情感

金牛座《羊》的個性溫和恭順，可以用盡全部的心力來關心周圍的親朋好友，和他在一起的人，真的都會對他讚不絕口。在愛情生活中，**並不是他不願談感情，而是他天生很小心，對於感情是抱持很謹慎的心態**，換句話說，金牛座《羊》沒什麼安全感，可是有沒有想過，自己的態度似乎也不夠明顯，會讓對方摸不清他到底有沒有意思要在一起，這是金牛座《羊》要特別注意的一點。

由於性格方面表態不明，很可能會有錯失良機的時候，這是金牛座《羊》在感情生活上的一個缺點，自己要懂得改進。還有不要在談感情時顧左右而言他，這會讓喜歡的人搞不清楚方向。所以金牛座《羊》常常會把機會不經意推開，連自己都不知道。

當金牛座《羊》真正進入感情生活，又容易變得粗心大意，這點要特別留神。不論男、女在談感情之初，總是特別留心一些小地方、小動作，他也不例外，可是金牛座《羊》卻會粗心的忘了體貼對方，這種細節一定要注意，與另一半的感情將會更好。

對於工作事業上的「企圖心」，金牛座《羊》似乎沒有那麼強烈有理想，只是屬於默默努力的人。既沒有想要成為名人，也沒有什麼要賺大錢的想法，只希望能平平穩穩、實實在在的過生活，依他這種個性，在現代是少數民族，雖然說金牛座《羊》的淡泊名利對自己比較沒壓力，不過，這個現實社會總是需要多努力一點比較有保障吧！

金牛座《猴》
性格與情感

大部分的人都覺得在面對感情，會有不知道該怎麼做比較好的困擾，而在面臨情侶鬧分手時，更是會有「情緒失控」的情況出現。不過，以上這些情形，通常在金牛座《猴》的身上比較不會出現，在與金牛座《猴》的組合中，他對感情是呈現出很穩重的態度。

在談感情時，很多人總會陷入「幻想世界」。可是金牛座《猴》卻是很實際，在感情路上該怎麼走就怎麼走，只要是可接受的感情生活。就算今天彼此分手了，也沒有什麼誰虧欠誰的問題，兩人談好就可以了，面對感情生活，金牛座《猴》是再冷靜不過了。

當然，在感情世界中，他是很具有魅力的哦！金牛座《猴》那穩重的作風讓人難以抗拒。**他面對感情很有一套，不會去控制對方的一舉一動，而是能夠互相了解，彼此互留私人空間**，金牛座《猴》擁有讓情人喜歡的愛情觀，所以「穩定又自由」是他在感情上所持有的不變信念。

金牛座《猴》對於自己的人生與工作事業，總是很能發揮自己的特性，充滿朝氣和活力的生肖猴，很有打拚精神及毅力的金牛座，混合出想「出人頭地」的精神！雖然有時候，他抗壓力稍微差了一點，也覺得做好份內的事就夠了，但是絕對不要小看他的理想和野心！金牛座《猴》的耐性和毅力，是對工作事業的強烈支持，比那些會「半途而廢」想法的失敗者要好得多了。

金牛座《雞》性格與情感

金牛座《雞》是很聰明的，相對的，就會出現想控制別人的傾向，但卻又不會被定義成「獨裁」。原本金牛座就喜歡吃好吃的東西，很難克制食欲，再加上生肖雞也是如此愛吃，因此金牛座《雞》的身材可真要小心的維持哦！

在感情世界中，金牛座《雞》是個誠懇實在的人，因此頗能得到情人的信任及好感，但是好像表現得太嚴肅了，最好放輕鬆些，在愛情上就可以有不錯的表現。當然，談感情時，總是希望自己的另一半是忠實可靠的，在這個點上，他是情人可以放心的一個好對象。

不要以為金牛座《雞》是個不解風情的人，其實錯了。金牛座是由金星守護，金星代表著美與浪漫，對感情當然也很有自己的表達方式，只不過不是那麼優美、浪漫而已，但卻能給另一半安全感和幸福感。

感情若要長久，千萬不要被那炫麗的光芒遮住了眼睛，找到一個適合自己的伴侶才是重點。金牛座《雞》對於工作事業有自己的興趣及求知的毅力，但是沒什麼強烈的野心。因此總給人很熱心從事自己該做的範圍，也會去幫別人的忙，但就是沒有那股「傲氣」或「會欺侮人」的感覺。在處理自己的工作和事業時，金牛座《雞》是個很有耐心又小心翼翼的人。因此，**總能把自己份內的事處理好，也能幫別人的忙。**

金牛座《狗》性格與情感

對於「感情生活」來說，金牛座《狗》是個很小心的人。本來生肖狗比較在意別人對他的說法和看法，再加上金牛座在面對感情時，嫉妒心較強，這麼綜合起來，就成了一個對感情很「小心翼翼」的個性囉！當然，金牛座《狗》對愛人的感情要求度很高，相對的，他也同樣會付出這麼多的愛。因此他在感情世界，是一個「忠於自己另一半」的好情人。

金牛座《狗》有一點要特別注意：「不要把自己的全部心思，都放入愛情當中。」因為生命不是只有愛情一件事才重要。情人可不見得一定會以相同的付出來回報。因此，要特別留心自己的感情是不是過度投入。

由於金牛座《狗》對感情的占有欲比較強，因此會付出得特別多，一般而言也就會想要多收回一點。在談感情之初，付出是毫無怨言的，但日子久了，不論是任何人，總是會有想要得到「平衡」的回報。因此，金牛座《狗》對感情及對象上的挑選一定要仔細。

金牛座《狗》在對自己的工作事業上，是個很有想法和見解的人。一般這種個性都是脾氣比較急、個性比較強勢的人，因此難免有時會讓人比較受不了。但好處是，基本上這種人是屬於比較直來直往不會拐彎抹角的，大家對金牛座《狗》沒心機的表現，相處起來也比較安心，而且他在面對挫折時，很能接受挑戰，**利用自己擅長的能力來改善自己的困境，是一個很有「自我風格」的人，**只要改一改過於急躁的脾氣就好了。

金牛座《豬》性格與情感

金牛座《豬》個性比較隨和。好的解釋，就是好相處、好溝通。可是壞的方面，就是太容易相信別人，耳根子很軟。不論在什麼時候，金牛座《豬》應該要有自己的個性和想法，不能什麼都是照著別人說的來做。

金牛座《豬》在面對感情時，屬於比較好溝通，而且很投入的類型。因此對另一半，真的是很細心照顧。他並不會要求戀人一定要怎麼樣回報，可是感情的事對他來說也是很敏感的，當然希望對方是疼愛自己的啦！通常對方也可以感受到他的誠懇與溫和；相對的，他不會喜歡那種過於「自我膨脹」的感情方式。感情總是兩方面的互相包容嘛！他的「理想愛情」是雙方本來就應該要互相疼愛才對。

在感情上，他不會輕易食言，一定會信守承諾做到好為止。其實不止是感情上的承諾，包括工作上、朋友方面的承諾，只要答應一定會履行，這就是他的可貴之處。金牛座《豬》不希望去欺騙對方，但也不希望被別人欺騙。

在面對自己的人生事業與工作上，金牛座《豬》是具有野心的一個人，但通常是限於「想要」的比較多，真正要他去執行的時候，又變得有點「懶懶的」。這就是生肖豬金牛座，雖是很有理想抱負，可是個性上卻總是不夠積極，那麼自然會拖延進度了。只要金牛座《豬》拿出積極努力的毅力，相信一切會改善的。

CHAPTER 3
雙子座

雙子座的血型鑑定

雙子座A型

雙子座A型冷靜而有智慧，清晰的思路讓他們分析事情有條有理，活潑開朗的個性也讓他們廣結善緣。認真負責的態度，讓上司對他愛護有加。在感情方面，跟他們的冷靜個性一樣，一旦發現不適合的情人時，就會毫不眷戀的離開，去尋找更好的另一半。

個性天真、善良、活潑。因此，雙子座A型很得人緣，可惜沒什麼耐性，需要改進這個小缺點。另外，雙子座A型對於任何事情都很有好奇心，包括各類新知識，就像是從「知識之池」浮上來的學者，因此他與他人聊天時，大家常會覺得雙子座A型學識淵博，其實他只是平常涉獵各式各樣的知識，雖然看起來都是皮毛，但其實雙子座A型根本就是完全理解一切事物的知識家。

雙子座A型的人很聰明，因此，對朋友的一舉一動都是聞一知十，讓朋友覺得在他面前，真是無所遁形，不論做什麼，雙子座A型都是心知肚明的。

雙子座A型適合從事充滿變化的工作；因為那樣才富有挑戰性，才會讓雙子座A型有動力，能發揮他的特性。他的財運不錯，能力也不差，不過卻沒有耐性，只要自己好好規劃，相信必定能留住財富。雙子座A型對於伴侶的選擇是很謹慎小心、步步為營的，不會隨意的找一個伴來陪自己，而是會仔細、認真的思考另一半是不是他要的？能不能符合他的要求？這些都是雙子座A型的考慮重點。

雙子座B型

雙子座B型的聰明有點外放，所以給人的印象總是行為很外向，喜歡表現，容易言多必失，這是必須修正的地方。雙子座B型能說善道、口若懸河，不管對同事或對上司，都能迎合他們的喜好而廣結善緣。對感情來說，雙子座B型似乎無法固定當一個「專屬情人」，因此他屬於晚婚型。

雙子座B型適應力好，口才佳、反應快，能很自然在人前表現得得體大方，就另一面來看，不管跟任何人對話都可以馬上聊天、接上話，不會有羞澀之感，因此有時會讓人覺得好像不太可靠。和長輩、同輩及晚輩都很能聊上幾句，而且雙子座B型的話題很多，不會像有些內向的人害羞到無法跟人聊天，雙子座B型的人際關係良好，很吃得開。不過，這種個性有時又不太受上司及長輩的喜愛，這是為什麼呢？因為，老一輩的人總會覺得他怪怪的，搞不懂雙子座B型到底在想什麼啊？

對於工作，雙子座B型一定要找靈活又充滿創意的工作，不然對他而言，真是太無聊了，上班起來真沒趣。雙子座B型的財運不錯，但他賺得多花得也多，因此，開源也要懂得節流，才能累積小財富；通常在有利可圖時，才會有本錢多賺一筆。

雙子座Ｂ型在結婚後，希望自己能管理自己的錢財。感情上他比較會積極地去爭取愛情，也就是說他如果**碰到一個他喜歡的情人，就會主動去追求，不會猶豫不決，或是有他和我到底合不合的顧慮**，喜歡就追，如果到後來發現合不來，再說吧！

雙子座AB型

雙子座本身就是一個有智慧的星座，更加上聰明的ＡＢ型，可想而知這是一個極難馴服的星座加血型。他們亮麗又才藝雙全，不但有聰敏的大腦、亮眼的外表、更有靈活的外交手腕。但對於感情就比較無法安定，他的不定性給另一半的壓力很大啊！

聰明又幹練，是雙子座ＡＢ型給人的感覺，正因如此，讓很多想與他交手的人，在還沒有開始「對戰」，就已經產生莫名的恐懼了；意志力不足的人，甚至會自認不是他的對手，尚未交手就承認失敗了。

雙子座ＡＢ型在親朋好友中的評價其實也算不錯，因為處事很有手段，辦事能力又好，把大家交辦的事情做得漂漂亮亮，想不受人重視都難。只是容易遭人嫉妒，雙子座ＡＢ型可是要小心應付、步步為營，不要魯莽的處理這種麻煩事才是重點。

雙子座ＡＢ型覺得很適合自己的職業是什麼呢？答案一定不是「公務員」，因為這種朝九晚五的工作不適合他。**以雙子座ＡＢ型的能力及智力，應該從事決策集團或分析事務的工作，才能發揮**

自己的潛力。在財運方面倒是不錯，只要不過度浪費，就會很好。雙子座AB型對於感情，會想找條件好的另一半，因此要找到滿意的對象需要多一些時間。

雙子座O型

聰明、能力強，反應快是他們的特點，但雙子座O型過於能幹的結果，有時會遭人討厭，而且有時也會不小心傷到人，在這點上，雙子座O型的朋友應該要注意。雙子座O型對於感情無法專心，但他對感情不是花心，而是無法固定把情人當成生活重心。雙子座O型是很忙的，會有很多想做的事而容易將注意力分散到別處。

雙子座O型是個標準的能幹、反應佳、行動力敏捷的人，因為這樣不免有時會有過多驕傲的態度表現出來，在這點上，雙子座O型需要改進，不要因此而自傲自恃才最重要。在人多的場合，很會表現自己，讓自己成為一個受歡迎的人。因為**愛熱鬧、反應快、會說話、嘴超甜，這都是雙子座O型很有人緣的原因**。

雙子座O型對於工作是屬於很認真的一型，因為在工作上，可以表現出自己「雙子無敵大絕招」，讓人刮目相看！他可以在事業上有一番表現，當然更適合那種需要腦力激盪的工作，才能充分表現出雙子座O型的天賦能力。

雙子座O型在感情的道路上風波比較多，也許是因為個性外向、活潑的關係，所以會給人不是很安穩、很安定的感覺，因此雙子座O型在感情上屬於不穩定、善變的傾向。為了要給戀人穩重的感覺，一定要把這種給另一半「感情態度不穩定」的感覺好好修正。

雙子座＋十二生肖完全解密

雙子座的鼠：最有智慧的雙子鼠

雙子座的牛：不太努力，但對朋友很好的牛

雙子座的虎：個性衝動的大老虎

雙子座的兔：愛冒險的小兔

雙子座的龍：喜歡幻想的飛天龍

雙子座的蛇：易波動的蛇

雙子座的馬：不安定的馬兒

雙子座的羊：奇幻點子最多的小羊

雙子座的猴：腦筋一級棒的猴

雙子座的雞：鬥志高昂的雞

雙子座的狗：個性善良的狗

雙子座的豬：小糊塗、大聰明的豬

雙子座《鼠》

性格與情感

基本上雙子座《鼠》不是一個會給別人壓力的人，但是如果要跟上他那快速度的腳步，其實對其他人來説，已經算是一種壓力了。只不過他不自知而已，有時不妨放慢腳步，或許更能和大家溝通。他常有著不確定性，這有時會成為時下年輕人認為很有個性的感覺，而被他吸引（為什麼會這樣呢？因為身邊的朋友會以為他真有個性，想幹嘛就幹嘛！其實，這些表現是他的不定性造成的）。

雙子座《鼠》在對自己的工作事業時，不得不承認，他的腦筋真的是很好又反應靈活，當然能在自己的領域有很好的表現。但必須要加強「持久的信念」，這是很重要的一點。雖然頭腦靈活，卻不是想要「用野心吞食天地」的人。雙子座《鼠》比較沒那麼強的企圖心，可是聰明有才幹的人是不會被埋沒的，依然很快會有出人頭地的一天喔！

通常在「感情世界」中，由於雙子座《鼠》是個口才靈活、個性活潑的人，是個很能吸引大家注意的一個星座生肖組合，而且他的內在本性，也是希望能成為引人矚目的「Super Star」。

想和生肖鼠雙子座的他談戀愛，最好要有心理準備，不要想約束他的現在和未來，他要的是能自由自在的生活情趣。其實，**他並不想掌控情人卻又不完全如此。雙子座《鼠》自己想做什麼，就希望對方也跟著做，雖然不會強迫，可是會偷偷使出「心靈控制」的小技巧，來扭轉對方意願，以**

達成他自己的目的。

雙子座《牛》性格與情感

生肖牛和雙子座的組合是很具爭議性的「兩面人」。雙子座是多話、多想、多變化的星座，但也有不願意被人打擾的另一面，而生肖牛自然是誠誠懇懇、努力打拚的人。所以，基本上在面對人群，他能泰然自若、處變不驚，又能發揮口才；可是當他一離開人群時，雙子座《牛》需要的是極度安靜和自我的空間。

在感情世界中，不要認為生肖牛雙子座是很花心的人，其實雙子座《牛》只是善於用口才來逗人開心而已，不要忘了還有生肖牛這勤穩踏實的個性存在。因此基本上在別人面前受歡迎，而且不但不會在外拈花惹草，還很有分寸，對自己心愛的另一半是屬於一個忠實的信徒哦！

由於雙子座的個性，因此難免在感情上會有兩面的想法和做法。有時明知自己找過於外向、善言、外表不錯的對象，是對感情的一個挑戰，但就是會想嘗試。當然雙子座《牛》也曾想找一個老實點的對象來過一生的想法。不過，不管怎麼說，能確定一點就是他本身一定是個有生活情趣又能發揮魅力的人。

面對自己的人生及事業，雖說他有著雙子座的靈活思維，也有著不穩定性，幸好仍有生肖牛能發揮穩定作用，可以讓雙子座《牛》更仔細評估自己的前途。**最好是能用生肖牛的勤奮努力和堅定**

的心，配合著雙子座靈活的頭腦，相信有了這樣的結合，一定更能發揮他的潛在實力，同時邁向成功之路。

雙子座《虎》
性格與情感

用「精力旺盛」四個字，最足以形容雙子座《虎》。原本雙子座就是個古靈精怪的人，總有用不完的點子。而生肖虎本就是「有朝氣、有活力」的特性；由此看來，他總是非常能表現自己。雙子座《虎》在面對自己的工作、事業時，真是個能幹的人，不但頭腦好，而且又有豐富的經驗，自然是個高手中的高手啦！

雙子座《虎》在面對挫折時千萬不要被擊倒，要有勇氣去面對挑戰。最忌諱光說不練！一定要多多加強自己的「意志力」，用「意志力」掌握自己的未來，相信一定會有成功的機會。

在感情世界中，雙子座《虎》永遠是屬於自信心極強的那一型。因此在面對異性時，是非常有自己的魅力，也認為自己是具有魅力的人啦！可是他有個缺點——很容易趨向於批評愛情的對手，這個習慣是不好的，要懂得謙虛。

通常**雙子座《虎》的感情生活是充滿浪漫氛圍，並且被對方需要的感覺**。因此，想追求他的另一半，除了必須能以他為中心，更要是個有情趣的人，這樣才能引起他的興趣。在兩人世界中，他必須要懂得適當去體諒對方的心情，並不是什麼都只想到自己的個人感受，這樣容易失去情人對他的信任。所以雙子座《虎》要記住喔！不要總是想要駕馭別人，那樣會給人一種壓迫感，儘量放柔和一點，將會更受歡迎。

雙子座《兔》
性格與情感

雙子座《兔》是對感情很在意的一個組合，只是雙子座《兔》總給人漫不經心的感覺。可能也是個性的關係吧！當然，在他碰到自己喜歡的人時，他也會毫不考慮的就積極下手，這時候又覺得他真是個很有魅力的人，其實一切都在於他願不願意努力去做而已。

在愛情世界中，雙子座《兔》很有自己的看法，不會輕易去談一段感情，他會慎重挑選一位自己喜歡的人；當然，這和他平常的表現完全不同，有時就難免會令人覺得雙子座《兔》未免太呆板了，不過因為感情是一輩子的事，馬虎不得。

雙子座《兔》對於另一半的挑選真的很嚴格，因為他對每段感情的要求都很認真；也就是自己的另一半，長相不能太差，工作能力還要不錯；最起碼彼此個性要可以互相信賴。在感情世界中，他希望雙方的溝通能夠暢通，不希望見到彼此互相爭執的場面，雙子座《兔》總希望自己的感情之路是順遂無阻礙的。這也表示他對浪漫的感情，有著美好的期待啦！

想要雙子座《兔》安安靜靜的在那裡做事，可能有一點點難度！也就是說他的個性是很活躍的，只是要注意在工作上一定要多打拚，因為本身是很有才華的。總之，要加強自己的穩定性，這樣才能增加自己成功的機率。

雙子座《龍》性格與情感

通常雙子座對感情抱持的是比較雲淡風輕的感覺，可是加上了生肖龍之後，就會變得慎重，而不是隨隨便便的談個普通的戀情。雖說他對感情比較慎重，可是卻不是非常在意，通常會變成可有可無的隱形情人，原因是雙子座《龍》認為不謹慎的愛情，會為自己找來麻煩。

關於感情生活，雙子座《龍》並不會表現出非常熱烈的態度，而是比較平淡，有時會讓另一半覺得他似乎不夠熱情。因此，在感情的表達上，他要熱烈一點，才能維持比較長久的感情生活，也才能讓感情升溫，而不會總是那麼「冷冷」的感覺。

通常雙子座《龍》在擇偶對象的挑選上，以「感情因素」的取決是比較少的，而是著重在「物質生活」方面，可以看出他是比較務實的人，雙子座《龍》對於自己精神生活是否滿足，不見得有所要求，主要是生活必須要過得安穩才行。雙子座《龍》對於自己的感情生活不要求轟轟烈烈的過程，只要是有感情、有安全感的溫馨愛情就好。

雙子座《龍》在面對自己的事業時，卻是非常雄心萬丈，很有自己的看法和做法，並不會隨波逐流。因此可以看出雙子座《龍》滿有自己的一套，是個很有才幹的高手。可見他有一個機靈的頭腦，眼光也能看得比較遠。整體說來，雙子座《龍》是頗具商業概念的業務高手。他最大的優點，就是不會沉溺於自己的成功幻想，而是實際行動讓自己的夢想成真。

雙子座《蛇》
性格與情感

雙子座本來就是活潑好動，也因此常常可以同時進行很多事情，不怕遇到太多挫折。因為他還有生肖屬蛇這種思慮的個性。雙子座《蛇》在感情世界中，是個很有魅力的人！主要原因是他的外表不錯，再加上有雙子座的口才，又有著生肖蛇那種天生優雅的氣質，光看外表就令人著迷了！就更不必說其他的雙子座《蛇》的各式優點。

不過在挑選對象上，雙子座《蛇》倒是很有自己的想法與做法，絕對不是隨隨便便找個對象在一起，雙子座《蛇》在挑選對象上非常慎重小心，一定要找到一個和自己可以溝通的伴侶才行。

在和自己的另一半相處時，雙子座《蛇》認為心靈契合是很重要的一環，**不但要在思想、行為上能互相協調；在言談舉止上，也必須要做到讓雙方都能建立默契的程度**。一旦雙子座《蛇》找到自己相知的另一半，一定會用盡心力去對待自己最愛的情人，因為這是好不容易千挑萬選才找到的珍寶，當然不能輕易放棄，一定要好好維持彼此完美的感情。

雙子座《蛇》是很有才華的，只不過個性不是那麼穩定，會左思右想的花了些時間才下決定。對於權勢財富，比較不那麼積極爭取，反倒是比較重視朋友之間的關係，而且朋友和他的關係也非常好！能夠自然而然地與人交友，雙子座《蛇》在個性上是屬於「阿莎力」型的；可是在工作事業上，或許就無法如此的用心了，雙子座《蛇》記得多多放些心思在自己的事業上吧！

雙子座《馬》性格與情感

雙子座《馬》對於感情生活，完全不同於外界所講的那樣（什麼不專情、愛打屁啦！這些純粹是雙子座《馬》愛聊天、愛說話所惹出來的禍）。

真正的他要找一個心儀的對象也不簡單，不但要有溝通的能力，更要有不錯的腦筋，這樣和他聊起來，才不會言之無物而太無聊。一旦他真的找到自己喜歡的對象，他會一反常態，給對方充分的溫柔與體貼哦！當然只要另一半對他也不錯，那麼這段感情會「甜蜜蜜」的放閃到令人睜不開眼！

雙子座《馬》如果找到自己心目中的「理想情人」，他會對戀人很好。問題是在他要找的心儀對象，好像也不是那麼好找，因為他的要求太高了，所以感情之路並不算走得很順利。雙子座《馬》應該放開心胸，多認識不同領域的朋友，只要找到可以相處一生的愛侶，相信他會得到熱情的回報。

通常大夥對生肖馬與雙子座的看法，都認為他是很活潑、很外向的一個人。當要賦予責任給雙子座《馬》時，總是會對他有所疑慮，因此要再穩重一點，一定會讓大夥更信任他。

雙子座本來就是行動快速，思慮敏捷的星座。現在加上生肖馬也是屬於奔跑在草原的快速「馳騁型」高手，自然會**是個反應好又思慮佳的軍師幕僚，是具有多方面才能的「工具人」**喔！如此看來，雙子座《馬》當然很能迅速和大夥打成一片，交往的類型各類型的朋友，是好友滿天下的類型哦！

在面對工作、事業時，亦很有精明的一面，可是就是缺乏了堅持到底的力量，相信唯有靠不斷成長而得來的智慧，再加上不屈不撓的毅力，成功就是屬於雙子座《馬》的。

雙子座《羊》
性格與情感

通常一般人對雙子座在感情的表現上，是採比較不信任的態度，總認為他是喜歡東沾沾西黏黏的個性。可是在這個加上生肖羊的組合中，雙子座《羊》卻是個對感情專一的人，他會給另一半深深的信賴感。

對感情，雙子座《羊》是很專一的，並不像別人看到的花心外表。**真正內心的他，在面對感情總是深情款款的認定著唯一的另一半！**他在墜入愛河時，是全心全意地付出，對方會覺得既幸福又美滿，快樂得不得了。雙子座《羊》要好好的把握這樣的「特質」，不要讓自己陷入不必要的三角「漩渦」之中，發揮雙子座《羊》真心的特質，真情去接受、去感覺。

一般人都有一個通病，就是在有了權勢或金錢之後，都會出現盛氣凌人的樣子，如果稍微有點錢與權，就會開始自認為很了不起。可是對於生肖羊的雙子座來說，這種情形是不會發生的，因為他是一個溫和柔順的人。

在工作事業上，他是很有才幹的一個人，再加上口才還不錯，因此在職場上他很受大家的歡迎。大家在表面上都只看到他外向的一面，其實在思考問題時，雙子座《羊》絕對有自己的思維。不過要克制一下，雙子座《羊》有時想太多了，試著放鬆自己，才不會徒增煩惱。在面對自己的事業時，謹慎小心就不會有錯了，雙子座《羊》是有能力協調一切的人。

雙子座《猴》性格與情感

通常雙子座的人很喜歡説話，更喜歡大家圍著他，用崇拜的眼神看著自己，這時他可是會越講越開心！而生肖猴基本上也相同，不會只是安靜地待在那裡聽別人説。因此，雙子座《猴》給人的感覺就是：「非常愛打嘴炮！」。

不過，通常雙子座《猴》也有充滿靈性的一面，他知性和感性兼具，真正要求的是「心靈上的契合」，因此在感情上，雙子座《猴》需要的是一種擅長溝通的伴侶，最受不了那種反應差、難溝通、理解力又不好的人。由此看來，雙子座《猴》是個很能與人進行溝通與打交道的人，對於他來説，別人可以有話直説。

從表面上來看，雙子座《猴》是個不愛挑剔的人。其實他對平常事物真的不會東挑西揀，甚至有些不計較一切。可是雙子座《猴》對於感情可是很重視的，而且可以説是過於嚴苛；主要是因為他想找一個可以和自己在言語、心靈上契合的對象。

所以，有時近乎挑剔的地步；可是**找到心儀的另一半之後，用盡心力去保護和愛著對方**。他的愛情一點都不複雜，**雙子座《猴》在愛情上，完全不會為難對方**。

雙子座《猴》真是一個無法安靜三分鐘的人，可見他是多麼活潑和樂觀。通常這種人的腦筋都很好，而且對每件事情都充滿好奇心（本來雙子座就是個好奇寶寶，再加上生肖猴也是個閒不下來的人，所以就造就這個非常好奇的組合）。

但雙子座《猴》在對工作、事業上，可能就缺乏一些耐性和恆心，這要特別注意，只要能改善這些疏漏，必定能更進一步創造自己圓滿的人生。

雙子座《雞》性格與情感

雙子座《雞》在面對感情世界時，並不是很堅持己見，在異性面前表現得也不夠明確。因此，總讓人搞不清楚真正的方向。應該要拿出一些個性來，不要老是把自己看得很微小，其實有很多人會需要他的幫助與付出，雙子座《雞》要先有自信心，才會讓自己更有魅力。

雙子座《雞》在挑選另一半時，由於生性比較內向，而且在感情上也不會採取主動，因此奉勸他最好在選擇伴侶時，要找一位比較強勢的另一半，這樣對他來說，或許更能發揮他的才能，而且也能讓他不至於太辛苦。可是由於他天生就有雙子座的因子在體內，那種很會說話的天賦是不會變的，自然也會有人被他的口才吸引啊！總之雙子座《雞》在挑選另一半時，可以找個能和自己個性互補的對象。

另一方面，雙子座《雞》在尋求伴侶時，當然不會脫離雙子座的喜好，會找一個在精神、心靈上相契合的另一半。在別人眼中或許覺得過於挑剔，但是這是他最基本的要求，而且不會輕易放棄。又因為**雙子座《雞》是個好心腸的人，心思細、心腸軟，這種個性讓愛著他的人，總是想摸著他的頭說：「你好可愛喔！」**。

雙子座《雞》是屬於一個在面對工作事業時，沒有很大野心的人。雙子座比較直率，不囉嗦；可是生肖雞，比較會東想西想，而且直覺比較強。通常如此的組合，總會在面對所有事情時，顯得特別小心。在工作上有一種讓人不好接近的感覺，應該是說對每件事，都不會很熱衷參與，應該多去關懷別人，自然別人也會得到相對的回應。

雙子座《狗》

性格與情感

有些人強勢，有些人弱勢，另一種人是自己做自己的事。但該強時強、該弱時弱就是生肖狗和雙子座的綜合體。他有堅強的意志力，卻不是那種會以強凌弱的討厭鬼。雙子座《狗》對別人來說，整體的感覺是「忠厚又穩重」。所以**在感情生活上，總是給另一半可以依靠的感覺，情人會非常有「安全感」**。當然雙子座《狗》就是以這種忠厚的特質來吸引對方的啊！

雙子座《狗》是很有活力的人，不但有生肖狗的可靠安全感，更有雙子座吸引人的口才。雙子座《狗》在面對大眾時，總是可以給別人深刻印象。當然在自己選擇對象時，也是很慎重的！本身屬於「誠實無欺」的個性，當然也希望自己的另一半用這種方式來對待自己，這段感情將會很美滿哦！一般人通常對感情總會有一些自己的想像，而且真的希望能照著這樣才是穩定的過生活。然而雙子座《狗》則比較踏實，不會胡思亂想，是一步一腳印很「踏實」的一個人。

在面對工作事業時，就會給別人比較穩定的感覺，那是因為多了生肖狗這個沉穩的個性。因此對於雙子座《狗》的事業來說，是很有行動能力的，而且還兼具雙子座的頭腦和靈活。在面對事業時，能夠闖出一番天地，這是雙子座《狗》自己努力而來的。

雙子座《豬》性格與情感

雙子座總是給人「不定性」的感覺，可是他的頭腦卻相當靈活，而生肖豬則是比較看重現實社會所帶來的問題與挑戰，這種組合，造就了雙子座《豬》對現實環境有很強的適應力。如此，他就可以自由自在自己的生活。

在感情生活上，雙子座《豬》似乎並不能算是很順利，可是他的復原能力很強，有專業級的「重生能力」，但總不可能讓自己每一次都陷於這類的「失戀陰影」中吧！所以振作起來再去尋找下一個目標，也算是雙子座《豬》的一項優點，**不會總讓自己處於哀傷的困境之中，而是會積極再**

尋找下一段戀情。

以雙子座《豬》的條件看來，真是要好好睜大眼睛尋找「理想情人」。當然「終身幸福」是很重要的，本來就不能輕忽其重要性，但對於另一半來說，完全不挑剔，那可是有點虛假了。本來雙子座就是個重視「心靈交流」的人，這是情人相處中，最基本的模式。而生肖豬又會要求對方要是個不輕浮的人，要穩重一點。因此，雙子座《豬》的對象，說好找也滿好找，說不好找也真的是找不到。要心靈相合，又要個性好，更重要是「長相」又不能太抱歉。看起來，這就是雙子座《豬》的終身伴侶不好找的真正原因了。

對於事業工作中的一些挫折，對雙子座《豬》來說並不重要，而且他通常能再次用心去挽回和補救。基本上他是一個有耐心兼具堅定力的人（還好有生肖豬的穩重來補強了雙子座的不定性）。他還有一顆喜歡幫助別人的心，因此大家很喜歡和他共事。

CHAPTER 4
巨蟹座

巨蟹座的血型鑑定

巨蟹座A型

巨蟹座A型是很能把責任一肩扛起的人，通常他難免會給自己一些壓力，讓自己能有更好的表現。當然，不要老是「悶悶不樂」的過日子，要快樂一點，這樣對健康才有益。

巨蟹座A型熱於助人、和善，稍微有點囉嗦，又因為他努力工作，常會獲得上司的賞識。他不是個浪費的人，所以可以存下辛苦賺來的錢。對於感情，他們認為**一旦在一起就是一輩子，必須全心全意的付出**。可是感情並不是一廂情願的，必須建立在兩個人的互信、互諒、互愛上。所以建議巨蟹座A型的你，要睜大眼睛選擇一個可以互相依靠的伴侶。

月亮是巨蟹座的守護神，表現在巨蟹座A型是最明顯的，喜歡照顧人、幫助人，對家庭十分依戀，願意為家犧牲奉獻，因此與家人之間的感情很好。由於巨蟹座A型喜歡助人及脾氣好，所以和親人、朋友、同事之間關係良好，在工作上很能發揮巨蟹座A型熱心的特性，所以從上至下，大家都很喜歡他。

巨蟹座A型有一個特質就是很節省，節省到會讓人覺得有點「摳門」。不過，他們這樣做都是為了以後有一個快樂幸福、經濟不虞匱乏的家庭。

巨蟹座B型

在不太說話的巨蟹座中，巨蟹座B型是比較善於表達自己的一個組合。通常如此的話，就是比較不會把問題悶在心裡，一定會把話說出來。巨蟹座B型是比較不會給自己壓力的星座。

巨蟹座B型有著無法持久有恆的個性，這點需要好好改進但因為巨蟹座B型個性直爽、坦誠，所以朋友之間相處還算融洽的。工作上人緣不錯，不過有無法一直穩定工作的個性，不能在一個工作待太久。對於感情有些木訥的巨蟹座B型，雖然不是調情高手，但誠樸不欺的心是很能感動對方的，「戀家」是巨蟹座B型的特色。

巨蟹座B型是最典型的巨蟹座代表，個性就是「深藏祕密於內心的巨蟹座」。因為，**他們很情緒也很敏感而且EQ不是很好，在別人眼中是善變的**。不過他依然很受大家歡迎，因為他會把歡樂帶給大家，而把祕密藏於心底，別人從他們的外在表現是無法去深入了解的。不要想從他們的口中去探究巨蟹座B型的祕密。可是他們卻可以從聊天過程中大家挖出的祕密，這一點是不容他人懷疑的。

在工作中，巨蟹座B型有著開朗的外在，讓同事朋友們覺得與他們相處實在是太愉快了！不過，巨蟹座B型有一個缺點，就是無法持久與專注於在一個固定的團體之中。為什麼呢？因為巨蟹座Ｂ型怕相處太久，彼此了解太多，對他們而言，就沒有安全感了。

巨蟹座ＡＢ型

巨蟹座本身就是思慮很縝密，再加上ＡＢ型，這就更是一個很會思考的人了，可是要注意，別陷入太過頭的胡思亂想，要給自己一個完整的、純正的思考方向，才不至於陷入一種無謂的「沈思」當中。

巨蟹座ＡＢ型是很冷靜的人，他常常是暗自努力工作，當學生時是努力唸書，不會以炫麗的外表來吸引大家的眼光，但也不喜歡別人探究他們的隱私。**由於不善表達感情，即使很喜歡一個人也不會表達，不過一旦找到真愛而相戀，巨蟹座ＡＢ型是全心的付出，而且不會改變。**

不過巨蟹座ＡＢ型有時會給人過於冷漠的感覺，因為不喜歡捲入別人的紛爭當中，對於周圍發生的事情，只要事不關己，都只是禮貌性問候一下，而不會把自己投入其中。ＡＢ型本身的聰明又加上巨蟹座的理智冷靜，如此的組合，可想而知是非常優秀的人才，再加上努力不懈的認真工作態度，想要在事業上有所作為，是指日可待的。

由於巨蟹座ＡＢ型屬於會把祕密偷藏於心中的人。因此朋友不多，即使他們的好友，也不見得知道他們在想什麼。不過巨蟹座的他們，卻能很快的由談話、聊天中，知道好朋友目前在做什麼？想什麼？這就是巨蟹座ＡＢ型的厲害。

巨蟹座O型

巨蟹座O型是個很會犧牲自我的人，樣樣都要替別人著想呢！這樣很容易就把心事留在心裡，甚至是不只自己難受，還要替別人擔心難過。巨蟹座O型就別想太多了！要替自己多想想喔！

巨蟹座O型屬於外向的一個星座血型搭配，有十足的爆發力，也隨時可以穩如泰山的工作，由於思慮周密，**巨蟹座O型是一位專業、穩健的高手，可以想到很多別人想不到的事，提醒大家「註定」會發生的事情，讓大家都以為巨蟹座O型是一個深藏不露的預言家。**

巨蟹座O型屬於個性執著、一成不變的類型人物，如果認為是對的事情，就絕不改變自己的想法及做法，除非是已經發現是錯誤的決定，否則巨蟹座O型會堅持到底。他這樣是不是有點「頑固不通」呢？巨蟹座O型在對待朋友方面，還是不改巨蟹的本性，親切、熱忱的幫忙朋友，不過不要輕易去挖掘他們心中的祕密，這樣會讓他們有受傷的感覺。

說到巨蟹座O型對於感情，可以說是個十足的醋桶子，在巨蟹座與血型配對中，最會吃醋的就是「O型」，強烈的不安全感是他們的致命傷，所以如果你的伴侶是巨蟹座O型，一定要在各方面表現得讓他們很放心，否則一旦「醋桶」翻了，就要花很久的時間才能擺平這個麻煩的巨蟹座O型哦！

巨蟹座＋十二生肖完全解密

巨蟹座的鼠：喜歡白日做夢的鼠
巨蟹座的牛：辛苦、勤勞的牛
巨蟹座的虎：個性剛強的虎
巨蟹座的兔：和善的兔
巨蟹座的龍：喜愛幻想的龍
巨蟹座的蛇：懶散的蛇
巨蟹座的馬：過於敏感的馬兒
巨蟹座的羊：善良的溫柔羊
巨蟹座的猴：溫和且不急躁的可愛猴
巨蟹座的雞：過於善良、木訥、誠實的雞
巨蟹座的狗：忠誠又威猛的狗
巨蟹座的豬：過於老實的小豬豬

巨蟹座《鼠》性格與情感

巨蟹座《鼠》很有那種讓人感覺親切的氛圍，因為有著以安穩為特色的巨蟹座，又有著生肖鼠的活潑。基本上，這是一個吸引人的組合，巨蟹座《鼠》又喜歡讓自己的努力被人看到，想得到他人給他讚美。因此在達到既定目標時，巨蟹座《鼠》會很得意。

他所喜歡的另一半，可能要容忍他在情緒上的變化，為什麼要這樣說呢？因為巨蟹座是月亮守護，那月亮的陰晴圓缺，自然也會牽動他的情緒。所以雙方要對此問題先做基礎的了解。不過，他是一個很會表達情緒能力的人，所以在別人看來，巨蟹座《鼠》感情豐富，能夠吸引一些浪漫的人，想要成為他的另一半。

對於「感情生活」，巨蟹座《鼠》是非常敏感的，所以對他有意思的人出現時，他都能早早感覺到。不過，他不喜歡太浪漫甜美的熱戀，也不太相信自己的直覺，巨蟹座《鼠》總是要尋著正途來走，「先學會一起走，再想想要不要牽手。」他相信愛情是會順遂慢慢發展的。

在面對自己的事業與工作時，他有很強的行動力，只是巨蟹座本來就屬於一種「安穩」的個性，那是因為有月亮守護，使巨蟹座顯得有些內斂。而生肖鼠則是稍微活潑一點。所以，巨蟹座《鼠》整個人有著高強的反應力，又很有穩固性，只是他對自己的工作沒有很大的野心，卻也**能持之有恆的穩健向前，一件事總是做到好為止，對於巨蟹座《鼠》來說，做事是不會拖拖拉拉的。**

巨蟹座《牛》
性格與情感

本來在感情世界裡，巨蟹座是屬於比較內斂，卻又不善於表達的人，而且有時又有點太執著於自己的看法，但巨蟹座加上了生肖牛，真是成了一個不折不扣、完全不怕困難的組合。

在感情世界中，這生肖牛和巨蟹座的組合，有著很多的星座個性，例如，摻雜了一點天蠍座的個性（不能容忍感情不忠，會非常的氣憤，甚至出現報復的心理）。又有些處女座的習性（對感情生活要求純潔完美）。由此可以看出，其實這生肖牛加巨蟹座的個性是很會挑剔自己的，希望自己能做得很好，當然相對的對別人的要求也會很高，然而這樣總是會給人壓力，巨蟹座《牛》應該要學著放鬆自己的心情，才不給別人壓力。

其實，巨蟹座《牛》的心思是很細膩的哦！對任何事（包括感情），都會事先仔細做好評估，因此他給人很細心的感覺，但巨蟹座《牛》千萬不要太為對方著想，因為有時對方也不見得會喜歡他的做法啊！

大家很喜歡和巨蟹座《牛》在一起，因為他是個很會照顧別人的星座。巨蟹座《牛》對每個人都很好，由此看來大家也會很喜歡他，巨蟹座《牛》的人緣不錯。對於工作事業上，巨蟹座《牛》會為了自己的親人、愛人而去努力的決心，但他的努力不是野心，而是一種積極的態度，巨蟹座《牛》只要多把心思放寬一點，相信會有一個光明燦爛的前途等著他。

巨蟹座《虎》

性格與情感

巨蟹座算是一個很安靜的星座，不是不喜歡說話，而是很多事都放心裡。由於凡事看得一清二楚，加上生肖虎的脾氣不怎麼好。這一綜合起來，那就成了一顆不定時的「炸彈」；其實也還好，只是巨蟹座《虎》通常是喜歡做自己，也想得多，只是耐性較不足，又很討厭別人來指使他。

在感情生活中，似乎必須以他為中心，所以另一半要懂得讚美他，要能配合他。但每個人都是一個自由個體，巨蟹座《虎》不能一味要求別人，自己也應該要能配合別人。由於他的「戀情」占有欲極強，希望另一半要分分秒秒屬於他，這時可會讓另一半受不了。

雖說巨蟹座喜歡安靜的生活，再加上生肖虎的多變的情緒之後，變成了**想追尋安靜又想找些事情來做的巨蟹座《虎》，他放不下熱鬧，讓自己也覺得矛盾**。尋找感情要依循自己的理想是沒錯，但巨蟹座《虎》也要接受一下現實生活的真實狀況。

巨蟹座《虎》是個很容易在工作事業上起起伏伏的人，因此常會為了工作而增生煩惱。當然在人生上雖然波折不斷、壓力頗大，可是相對的成功與否，就要看他自己的堅持了。不過，這中間的過程是很辛苦的，但相信巨蟹座《虎》就是很能吃苦耐勞，最後的成功只要看他努力得夠不夠，就可以知道結果了。

巨蟹座《兔》性格與情感

通常巨蟹座是個不太善於交際的一個星座，還好有了生肖兔這很喜歡招呼客人、很親切的生肖，因此綜合起來，大家對巨蟹座《兔》的印象是個合群的好朋友。巨蟹座《兔》在感情生活上，不論男女，都會是很好的對象，希望自己能有著一份安穩的感情；當然相對的，他也會付出同等的感情，另一半會很幸福的過著彼此依戀的生活。

巨蟹座《兔》給人比較溫和的感覺，因為巨蟹座本來就是個居家的星座，而生肖兔的脾氣個性也是比較溫順柔和，因此在感情的表現上，是屬於「居家」的那一型。對於功名利祿，巨蟹座《兔》真的一點都不在意，但是該自己做好的本分是一定會認真努力的。

對於感情，巨蟹座《兔》要長長久久、永世不渝的那種感覺，而不是追求短暫的花火。**他總希望自己的愛情生活能有永恆的真誠，他對感情的期許，最後就是走入禮堂，生幾個孩子，一起過著幸福的日子**，因此，巨蟹座《兔》對感情是非常認真的。他的感情是屬於傳統式的保守愛情，無法忍受那種太過新潮、太過於自由自在的感情生活。

通常在面對事業工作時，巨蟹座《兔》很有自己的計畫，而且會遵守著去實行，有自己的原則和想法，因此他的工作能力，總是備受大家肯定，只是大夥會認為他有很多事都是放在心裡而不說出來，似乎總是心事重重。其實，這是巨蟹座《兔》長期歷練累積起來的結果，他只是不太習慣和別人分享自己的心情而已。

巨蟹座《龍》性格與情感

「愛情」對巨蟹座《龍》來說是神聖的。因此他一定忠於自己的感情，所以在感情生活上來說，他可是很讓人放心的哦！一般人在熱戀過後，可能就會把感情看得比較淡一點，而且想說感情穩定了，那就把心思放在別的地方吧！而巨蟹座《龍》絕對不會這樣，**就算過了熱戀期，還是會把心思放在對方的身上，並不會因此疏忽了溫柔體貼**。

通常在感情世界裡，巨蟹座《龍》是很有魅力的哦！除了他本身所散發出來的迷人氣質之外，還有巨蟹座《龍》對感情的誠懇態度。但有一點要勸勸他，就算是很有魅力的人，也有可能在感情裡遭遇挫折的時候，但只要是巨蟹座《龍》認為一切都是值得的，他就應該堅持去追求，不要三心二意，否則可能錯失良機，到時後悔都來不及了。

在感情上，巨蟹座《龍》對感情是忠誠的，相對的，也希望自己能在感情世界中找到自己的幸福。但他也不會因此而過於急燥，一定會仔仔細細的去尋找一個真正適合的「理想情人」，讓自己的感情能有一個真正的好歸宿，過著甜蜜的日子。

巨蟹座《龍》在職場上，給人感覺是很能幹、很值得信賴的人，做事很有分寸，也對每一項事物有自己的看法與透徹的分析。因此很能得到上司的信任和同輩之間的稱讚，不過在此要告訴巨蟹座《龍》，每件事是不可能做到所謂的十全十美，難免會有一些瑕疵及不完美，不要太鑽牛角尖啦！只要把自己的本分做好，相信別人是不會多管閒事，多說什麼的。

巨蟹座《蛇》

性格與情感

在日常生活中，巨蟹座《蛇》總是比較謹慎細心，不論是自我管理或對待別人，總有自己一貫秉持的道理和原則。**他總是以一個亮眼的外表去面對大家，再加上脾氣溫和，因此巨蟹座《蛇》受到大家的歡迎**，還有他對藝術欣賞很有眼光，因此巨蟹座《蛇》在舉手投足間也很吸引人。

巨蟹座《蛇》在面對感情時，別人好像看不出他到底喜歡誰，因為總是有一群人圍繞著他，而通常連巨蟹座《蛇》自己也搞不清楚，只好與每個人都維持不錯的關係，因為巨蟹座《蛇》有照顧他人的欲望，因此對每個人都很好。他真的喜歡誰，只有自己知道，當然是會對那個人最好了。不過，巨蟹座《蛇》在感情的表現上要再明顯一點，才不會讓人誤會了。

不要以為這樣看來，就為巨蟹座《蛇》是用情不專的人，其實那只是他在不明確的狀態之下才會展現的行為。基本上，當巨蟹座《蛇》有了確定目標之後，他是一定會讓情人有幸福快樂的感覺。

巨蟹座《蛇》在事業工作上的表現，是一種沉穩的態度，而且很能幹，甚至他的表現欲望是很強烈的，而通常表現欲強烈的人，容易太小心翼翼，太保護自己，這使得巨蟹座《蛇》容易封鎖住自己的生活，總之，巨蟹座《蛇》是個很保守的人，他不愛冒險，只想安安穩穩過日子。

巨蟹座《馬》性格與情感

巨蟹座《馬》在感情的世界中，很有自己的看法哦！不會輕易降低標準，不過千萬不要以為巨蟹座《馬》的條件很苛刻，只是有他自己訂定的條件而已。

如此看來，巨蟹座《馬》對感情似乎很有主見，沒錯，**他會對另一半很好，能讓對方生活得很幸福，可是他卻不希望對方太依賴他，要有自己的主見**，也就是各自有獨立的生活、工作方式，只是在感情上可以互相依賴。

其實，巨蟹座《馬》不會隨隨便便一眼就喜歡上別人，他會好好考慮，也不會被追求者三言兩語的讚美就唬住，他完全會以自己的看法來決定。可是一旦他自己決定了、喜歡上的對象，那巨蟹座《馬》是絕對不會鬆手，一定是緊迫盯人，不追到手絕不放棄。這就是他在感情上執著的地方。當然啦！權勢地位對巨蟹座《馬》來說不是不重要，只是「真情真愛」對他而言才是最重要的——祝他早日尋得真愛。

在面對自己的事業，巨蟹座《馬》並不是一個具有野心的人，可能大家會說，生肖馬不是很活潑的個性嗎？沒錯，可是加上了巨蟹座比較居家安穩的個性之後，會變得安於現狀，只要把自己範圍內的事做好就可以了。巨蟹座《馬》對於美食很有興趣，因此要注意一下自己的身材哦！

巨蟹座《羊》

性格與情感

在日常生活當中，巨蟹座《羊》是很有愛心的，人也比較溫和，因此不論是男女，都是大家喜歡且願意和他做朋友的；如此一來，有時難免會讓人摸不清他的真正動向，也會讓人以為他有點「花心」，這時，就需要巨蟹座《羊》自己把立場表明清楚。

不過基本上，巨蟹座《羊》還算是一個在感情世界很能得心應手的人。主要是**第一：他溫和的外表；第二：個性有喜歡照顧人的特性；第三：對於自己喜歡的人非常付出**。這都能讓巨蟹座《羊》在感情之路很順利。他對於自己信任的朋友；可以說是非常信賴，什麼事都會跟他們說。巨蟹座《羊》才不會有事都放心裡，有話就是要直說，才不會悶出病來！

對於另一半來說，巨蟹座《羊》會給別人產生信賴的感覺，不論是對外（工作事業）或對內（對家人與對另一半）都很有責任感，這樣就很能給人安全感和信賴感。不要對自己要求太高，巨蟹座《羊》要給自己一些空間，去做更多自己想要做的事吧！

巨蟹座《羊》是很有愛心的組合，只是他野心並不大，由此可知在工作事業上，他的企圖心並不強，但卻是在生活中處處充滿愛心。或許是由於有巨蟹座的星座組成，因此很會照顧自己的親朋好友。再加上生肖羊的溫和個性，自然能讓人感受到與巨蟹座《羊》在一起很溫馨，同時他對家人也能提供最好的安全感和責任感。

巨蟹座《猴》
性格與情感

巨蟹座是個比較安穩的星座，內斂但並不代表他很內向，只是不太愛說話而已。可是生肖猴是活蹦亂跳的個性，綜合起來，似乎是生肖猴占了比較大的部分。

在感情上，巨蟹座《猴》是個感情取向比較嚴肅的人。就是他會想著對方，而且一切以對方為依歸，不會堅持自己的想法，所以巨蟹座《猴》能讓對方覺得很幸福愉快；可是這樣也有壞處，就是他在遇上感情問題之後，似乎其他事都變得不重要了（要知道這世界可以做的事很多，不值得因為個人的「感情」而忽略一切）。

巨蟹座《猴》是一個平常就很能幹的人，他的優勢是對數字很有概念，加上生肖猴靈活；可是一碰上感情問題，就完全被打敗了。巨蟹座《猴》一定是以感情為第一，其他則殿後，但千萬不可以這樣處理事情，巨蟹座《猴》要多放些理智去學會平衡式的人生才好。當然，被他愛上的人，的確是很幸福的！巨蟹座《猴》很會照顧人，只要問他的另一半就知道了。

巨蟹座《猴》在面對工作事業時，常會因為反覆無常的個性，導致事業上出問題，應該要學著堅定自己的個性，再增加耐性，這樣才能讓自己邁向成功。當然人生在世難免遭遇挫折，巨蟹座《猴》要自己站穩腳步，那麼就能避過風浪。並不是個性不穩定就不會努力工作，其實巨蟹座《猴》是很努力的，只是個性上再調整一些會更好。

巨蟹座《雞》
性格與情感

巨蟹座《雞》的感情生活是屬於穩定的一型，通常他很會計畫和安排自己的生活，屬於很有自我主見的一型，當然，感情只是生活中的一部分，不能缺少，卻絕對不是全部。巨蟹座《雞》對感情是很專一的，希望愛情中的一切，都能掌握在自己手中。

在感情世界中，巨蟹座《雞》雖然很有自己的看法，可是對另一半，可是很挑剔的哦！他的口才很好，一般人不見得説得過他，頭腦好又善言的他不要對另一半太「苛刻」，不然就算他很愛對方，也會把對方嚇跑。雖然説在感情世界，巨蟹座《雞》對戀人有一些過度要求，但是卻不能否認他愛孩子、愛家人的心，他會為了自己心愛的人，不惜付出很多代價，這種為了保護在自己羽翼下的家人，真的很令人感動！

巨蟹座《雞》很會藉由交際應酬來擴展自己的版圖，但那都屬於有企圖心的他為了成功而做出的努力，因為巨蟹座《雞》不會浪費時間去做沒有足夠代價的事。

在大夥眼中，他是個會為了自己前途而拚命的人，通常是不准有人來攔阻他，就是因為這樣，巨蟹座《雞》有時會給人感覺有點勢利。由此可知，誰要是侵犯了他的「領地」，他可是會對付對方的。但不要如此就以為他無情無義，基本上巨蟹座《雞》對於自己親近的人會付出一切想辦法保護他們的。

巨蟹座《狗》
性格與情感

不論對感情、事業，巨蟹座《狗》是一個有「纖細神經」的人，感覺過於靈敏的他，若有人想要對他做出什麼不好的事，那是不可能的，直覺敏銳的巨蟹座《狗》是隨時帶著警惕心在過日子呢！

在巨蟹座《狗》的感情世界中，似乎脫離不了「真、善、美」的要求，雖然說他對感情很敏感，可是由於對感情的要求太過嚴格，因此拖延了他對愛情的追求，但是卻不能阻擋他追求愛情的決心和毅力。

當然，當巨蟹座《狗》找到自己的「真愛」時，可是會用心保護戀人的，基本上，他是一個堅持守舊與傳統的人，「感情」是對另一半的責任，而不會做出對不起另一半的事。

巨蟹座《狗》對於自己愛的人，包括家人、情人，從不會吝嗇付出自己的愛，巨蟹座《狗》是那種無條件的付出者，因此對方也必須讓他有幸福快樂的感覺。其實，感情之路本來就是如此嘛！互相付出，才會感到快樂，只是單方面奉獻的話，那就未免太悲情了。

巨蟹座《狗》常會在不自覺中，對自己周圍有威脅感的人、事、物進行保衛自己的抗戰，其實有時可能是巨蟹座《狗》想太多的原因，結果這樣容易造成交友上的困擾。他實在要多多注意與人相處的分際。巨蟹座《狗》在工作、事業上，總有一些好運勢，不妨多多把握。本來「成功」就是靠自己，別人只能幫助而已，靠自己樹立勝利成功的大旗吧！

巨蟹座《豬》
性格與情感

在人生的道路上，巨蟹座《豬》總是奉獻多於取得，他總是自己默默的一直付出，為自己的家人、愛人而無怨無悔，不會有一絲怨言。可是在對感情的態度上，巨蟹座《豬》似乎是太傳統了，也就是在表達上，他不是那麼的強烈，而是很內向。

巨蟹座《豬》得知道，在現代社會中，什麼都講究效率和表達能力，包括每個人都會經歷的愛情在內，如果巨蟹座《豬》過於傳統，又不善表達，這樣感情之路走來，就會有些辛苦。

其實，在感情之路上，巨蟹座《豬》有很多的機會，可是他卻對曖昧對象的信任不足，因此有時會錯失良機。應該要加快步伐，或許在感情之路上才會走得比較順利。另外，不論在工作或其他方面，都必須要加快腳步，以適應快速的工商社會，不然可是會落伍的喔！

既然巨蟹座《豬》的感情機會很多，就更應該積極為自己的人生好好尋找一個適合的對象。要記得終身幸福是掌握在自己手裡，不努力抓住機會，只會讓自己後悔。

巨蟹座《豬》是個非常具有同情心的人，原本巨蟹座就是愛家人、愛朋友，再加上生肖豬的溫和善良，當場就變成了一個很有愛心的組合。有時還會路見不平拔刀相助。通常巨蟹座《豬》對自己的人生和事業，是用比較敦厚的心態去處理及看待一切，而不會積極去經營。但他還是能夠一步一腳印去實踐，因此巨蟹座《豬》終究也會等到事業成功的「榮光之日」。

CHAPTER 5
獅子座

獅子座的血型鑑定

獅子座A型

獅子座A型很有自信，努力工作，因為他認為在工作中，可以發揮出他的能力與才幹。卸下工作的他們，也可以享受休假帶來的放鬆及愉悦，對於感情不會用很熱情的方式表達，但會讓對方感覺到獅子座A型的愛意。可是他有挑選對方外表的傾向，這一點是獅子座A型要改進的。

獅子座A型平日的態度很和善，而且工作能力又很好，很得朋友的信任，在工作方面又很得同事、上司的信賴，表現出來的都是自信而不驕傲的樣子。因此在生活圈中過得非常愉快。別人與他相處並沒有壓力，感覺很輕鬆，不過獅子座A型的內心世界是沒人能捉摸清楚的。

獅子座A型勤奮努力於工作，因此工作運途很好，當然也是他們自己努力的結果。獅子座A型很會運用自己的金錢，投資、儲蓄樣樣都不少，而且能讓自己的財源廣進、源源不絕，也會有計畫的投資在各方面，不會讓錢「不動如山」，能用「行雲流水」的技術讓錢滾錢。

獅子座A型個性很開朗，異性朋友很多，不過都僅止於朋友，為什麼會這樣呢？因為，獅子座A型認為朋友不過就是泛泛之交罷了，但是對象就得好好挑了，一定要符合他的條件者才可入圍，另外，獅子座A型對伴侶就要求得嚴格，因為伴侶是要過一輩子的，不能馬馬虎虎，而且**當獅子座A型的另一半，是要「人中龍鳳」才可以。獅子座A型非常在意「外表」**這一點，是需要改進的地方。

獅子座B型

獅子座B型是個喜歡出風頭的人，他一根腸子通到底，有話就說，喜怒心情從他們的臉上就可以看出來了。因為沒有什麼心機，所以他人緣頗佳，同事之間相處融洽。獅子座B型努力於工作，所以與上司關係良好。不管在任何場合，獅子座B型都是眾人的焦點。不要以為獅子座B型很花心，其實他們是對每個人都很好，但他對自己的戀人才是最好的，這一點很值得人信任。

獅子座B型個性很自我，一切要以「我」為中心，表現出來的就是自我意識強烈，不過他是個直率之人，不會拐彎抹角，有話就直說，從他們的表情，可以看出他現在的心情好或不好，這麼說來，獅子座B型是不是很像小孩子呢？

工作能力好，這是獅子座的特性，再加上B型呢？對於喜歡的工作就是努力不懈、認真去做，如果在公司受到上司的讚賞，那獅子座B型更是日夜不分的投入工作。相反的，如果與上司不和，那麼吵架可就難免了，然後就是任性不做。

獅子座B型對於感情表現得很熱情，不過他**不是見一個愛一個，跟戀人在一起時一定是全心付**

出，**結束了這段感情，才會去尋找下一段戀情，不會腳踏兩條船**。獅子座Ｂ型結婚後，對婚姻一定是全心維護，不過他不希望另一半束縛他，管東管西，讓他沒有自由發揮的空間。他不希望結婚後，就要把全部的時間、空間都留給家庭。

獅子座AB型

口才好、善社交、有能力是獅子座ＡＢ型的特點，在人前總能展現亮麗的一面，不會把自己的缺點曝露出來，但過於自信，卻讓人有高不可攀的感覺。對於感情，獅子座ＡＢ型不會表現出來，不過他們會仔細觀察眼前的人，讓目標在毫不注意而露出可趁之機，這時獅子座ＡＢ型就開始準備「撲上去」了。

獅子座是個有霸氣的星座，不過配上ＡＢ型之後會稍稍好一點，ＡＢ型的聰明又帶給獅子座求知的欲望，因此，**獅子座ＡＢ型一直都是給人冷靜、機智、善辯的感覺，當對人有不滿時，也不會輕易表現出來，所以大家從他的外表看不出情緒**。

獅子座ＡＢ型的人際關係很不錯，他認為大家都是朋友，而且聊天話題很豐富，又常常幫助別人，所以他人緣頗佳；可是朋友們卻會覺得與他交往其實都是表面的，沒有人能真正深入了解他的內心在想什麼？而獅子座ＡＢ型也不會讓情緒影響到平常的表現。

用「理財高手」來形容獅子座ＡＢ型絕不誇張！他們對自己很大方，該花的一定花，毫不吝嗇。有時被認為比較有以「自我為中心」的傾向，而且獅子座AB型認為一個成功的人，背後一定都有一雙推動的手，而這雙手是沒有怨言、完全能配合他的人。不過，獅子座AB型也會對這雙手的主人給予全心的照顧。

獅子座O型

獅子座O型有強烈的保護欲望，很能照顧年紀輕的朋友，所以常常會有崇拜者。他在個性上很有魄力且值得信賴；但是無法持續原動力在一件事情上面太久。獅子座O型那機靈的頭腦、良好的才能，很能發揮在每件工作上。選擇另一半，他們認為要選擇有靈性的那種類型，而且最好是美女，這樣才令人賞心悅目、心情愉快。

獅子座O型的機智頭腦配上卓越的行動，是他在朋友間的成功標誌，當然「火爆脾氣」是他另一個特徵；因為**他往往是自信滿滿，認為他所決定的事情不會有錯，所以一旦有人提出相反意見，可能就會觸怒這頭獅子，而讓獅子座O型發出瘋狂的獅吼**。

獅子座O型認為戀愛一定要轟轟烈烈的才有感覺，而且另一半一定要是俊男美女，才能符合他們的審美標準，因此不免讓人擔心他的擇偶能力。但其實這些都僅止於婚前，獅子座O型在婚後是不會讓另一半擔憂難過的。

獅子座+十二生肖完全解密

獅子座的鼠：無法專心的鼠

獅子座的牛：不向現實低頭的牛

獅子座的虎：愛表現自我的虎

獅子座的兔：外表柔順、內心急躁的兔

獅子座的龍：善於表現自我的龍

獅子座的蛇：有恆心又有毅力的蛇

獅子座的馬：每件事都能做好的馬

獅子座的羊：高傲的羊

獅子座的猴：急躁、剛強的猴

獅子座的雞：勇敢、善良的雞

獅子座的狗：愛說話的狗狗

獅子座的豬：才情洋溢的豬

獅子座《鼠》
性格與情感

生肖鼠與獅子座的組合，是以獅子座的個性表現為主，因此就算在感情世界，也是希望能被人注意的。而且他對感情的表現非常活潑、開朗，更重要的是獅子座《鼠》絕對忠於另一半的心。由此可知，對於不忠實的感情，他是無法接受的。

另外，或許獅子座《鼠》在感情世界中，可能會有一些「霸氣」，**他絕對不是被動的那一方，而一定是主動出擊，同樣也希望對方能有熱烈的回應**，不然對他來說，這段感情就太無趣了（總是要轟轟烈烈的談戀愛才有意思啊！）。

當然，和獅子座《鼠》談感情是很愉快的事，因為新鮮又有趣！他永遠不會讓場面變得很冷清無聊。由表面看來，並不表示他是一個只重視感情的人，相對的在事業上，獅子座《鼠》也有很亮眼的表現，這是他原有的個性所造成的吧！獅子座《鼠》在任何場合都精力旺盛，給人很有活力的感覺，這是因為他很有「自信」。有「自信」的人，通常都表現得很亮眼奪目，想不注意他都難喔！

獅子座《鼠》的熱情和活力很受大家歡迎，而且這個組合，受到獅子座的影響比較多，很能表達自己的想法，只是當他的想法不被他人接受時，就可能會表現出強烈的情緒而無法控制，這點務必要注意。獅子座《鼠》要控制自己的情緒，才是他步向成功的第一步，不要太沉不住氣，要穩重一點才好。

獅子座《牛》性格與情感

獅子座《牛》不但有生肖牛的勤奮及努力，還有獅子座高貴的氣質，因此他散發出來的朝氣，能讓人感覺到穩重又帶有活力的感覺。基本上，他周圍的人可能都會想依靠他哦！（可見獅子座《牛》有多麼的可靠）。

當獅子座《牛》的感情世界開始發生時，他可能會把心思都放在上面（這是另一種責任感的表現），想去保護並完全擁有對方。當然，如果遇到同樣也是比較強勢的另一半，獅子座《牛》可能會受不了；可是如果另一半是一個事事需要幫忙做決定的個性，彼此就很合拍了。而且，有一個重點，獅子座《牛》的個性是不多言，但是一旦開口，那必定是個「真理」。想要他說些甜言蜜語卻有點困難，但好處是絕對是有「保證書」的感情生活！現代的速食愛情，是不適合他的啦！

獅子座《牛》常會給自己很多壓力，不管是在工作上或是日常生活中，甚至他的感情生活也是這樣，因此當他的另一半還有一個重責大任，就是幫獅子座《牛》紓解壓力。獅子座《牛》不妨在很煩悶的時候，把心裡的不愉快說出來，這樣才能抒發心情，也才能發覺另一半對自己的關心。

獅子座《牛》對於自己的事業會全力以赴，甚至是以一種很積極的態度去經營，**能將獅子座《牛》很有野心、很有霸氣的特質發揮得淋漓盡致，當然他本來就真的是很有能力的高手。只是他**

一直改不了藏在獅子座心中的狂傲。獅子座《牛》希望自己是能被大家注意到的人，如果被大家疏忽了，那獅子座《牛》可是會心裡不舒服的。

獅子座《虎》性格與情感

生肖虎配上獅子座，似乎天生就有一種「高高在上」的感覺，這是獅子座《虎》天生的特質，令人感覺不是很好接近。在感情之路上由於高傲的個性，可能會走得比較崎嶇一點。其實私底下，他是一個很熱情的人，只是獅子座《虎》無形中的氣勢，把別人給「比」了下去，而使人覺得沒面子。

其實獅子座《虎》的內心是很熱情的，雖熱情卻高傲，令人感覺獅子座《虎》似乎不太懂得「談感情」，以及感情中「肢體語言」的表示。也就是說，他比較不懂察言觀色、溫柔相待，因此愛情路上難免有阻礙。

難道獅子座《虎》的感情真的有那麼慘嗎？不用擔心啦！其實只要學著放下身段，不要認為所有事物都如他所想的，那麼相信就能真正感受到愛情的美好。當他在挑剔另一半時，要先想一想自己是否也同樣做到要求，如果獅子座《虎》能做到而不只要求對方，想必愛情學分就有機會修到滿分了。

自尊心非常強的獅子座《虎》，不用想就知道他會在自己的職務上，會很努力向上打拚，不會讓自己面前出現「絆腳石」，加上獅子座《虎》天生「運勢」不錯，再加上好強性格，基本上，他的前途可是光明燦爛的！獅子座《虎》值得好好把握這天生的「好運」，為自己打拚出一個光明前途。

獅子座《兔》
性格與情感

獅子座《兔》的個性，是輕鬆中又帶著嚴肅的感覺，因此會讓人感覺並不是拘泥不變或高高在上的人，很有自己的一套，很有趣呢！而感情生活對他來說，可是一點都不會無聊的哦！因為**獅子座《兔》那種溫和又略帶霸氣的天生氣質，是很讓人欣賞的**！所以，**自然身邊不會缺少異性的示好**，只看他自己要怎麼做決定了。

獅子座《兔》對於「感情」是很謹慎的，再加上他本身的特質是不會輕易對人放感情的，因此就算獅子座《兔》不乏追求者，卻因為本身是很小心謹慎的人，所以有時會想太多，而妨礙了自己的感情進度。

獅子座《兔》是個能很得體出現在各種場合的人，能夠打扮得很恰當，舉止行為又很優雅，也難怪獅子座《兔》常會吸引到大家了，可是對感情很要求的他似乎有些挑剔，不希望自己的感情有「討人厭的雜質」出現。其實，他可以在一開始就和對方講清楚，把自己的想法說出來，這樣可以事先知道彼此的習性，如此一來，相信會對獅子座《兔》的「感情」之路有更進一步的幫助，要學著發揮「融合作用」喔！

獅子座《龍》性格與情感

獅子座《龍》的口才很不錯哦！常常因為這樣，而成為別人的「知心好友」。當然朋友只要來找他，也常常很有收穫，獅子座《龍》常給別人提出的真知灼見！因此，他的「感情」有可能是由「友情」而慢慢轉變為「愛情」的。可是在「愛情」的世界中，他又希望自己是掌控的那一方；不像停留在「友情」的階段時，那麼讓人感覺貼心，反而在變成「愛情」之後，獅子座《龍》會讓對方有被「保護管束」的感覺，這對「感情」可是一種壓抑哦！

當然，如果能被獅子座《龍》喜歡，是真的滿幸福的，他會對另一半非常好，這在戀情剛開始時，的確讓對方有被愛包圍的感覺，雙方都非常享受這種甜蜜的熱戀，可是日子稍久之後，通常對方會漸漸受不了獅子座《龍》，因為感情應該是兩個人站在同等的地位，為什麼事事都要由他來主導呢？

其實獅子座《龍》只是希望戀人不要太辛苦，於是都為對方設想好了。既然是這樣，他就應該要清楚說明，讓對方知道自己的用心，如此獅子座《龍》的感情才能繼續好好維持，甚至越變越好。對於「婚姻」，獅子座《龍》認為只要感情穩定了，應該就可以步上紅毯。

獅子座《龍》是個很有朝氣的人，他的工作能力是不容忽視的。他不但非常有才能，而且會考量自己的能力來行事，不會去做什麼逾距的行為。**在碰到困難的時候，他是不會退縮的，反而可以更有幹勁地向前衝！這讓人感覺他很有活力並且愈挫愈勇，因此「成功」離他很近。**

獅子座《蛇》
性格與情感

獅子座《蛇》能言善道，因此總會讓人有「太會說話，似乎有點花心呢！」的感覺。其實不是的，只是他的交友範圍實在是太廣泛了，給人一種：「朋友來了又走，一個接著一個，真是沒完沒了啊！」的感覺。這也是獅子座《蛇》能在工作場合吃得開的原因。

其實對於感情，獅子座《蛇》很有自己的想法：「不但要有浪漫的氣氛，還要讓對方感動得不得了！」。對於「友情」和「愛情」他可是分得很清楚的，只是獅子座《蛇》自己要表態清楚，因為通常旁邊的人看不出來他真正的想法，這一點可是要獅子座《蛇》好好檢討了。

當然，獅子座《蛇》對另一半的好，可能要成為他的另一半才知道。**他不但有款款深情，更有著澎湃的熱情，但最好還是慢慢釋放「能量」，否則對方可能會「招架不住」**。

朋友們看獅子座《蛇》都認為他感情很豐富，而且不是很專情，那是因為大家並不了解他。當他在感受到戀人對自己好的時候，那種「真愛」的回報，是會讓對方有著深深的感受，更何況感情不是兒戲，獅子座《蛇》要慎重處理才可以。

另外獅子座《蛇》是個很會交際的人哦！因此朋友很多，知心朋友也有好幾個。在工作事業上，獅子座《蛇》處理事情的能力還不錯，而且深具上進心。只是獅子座《蛇》的運氣並不是那麼好，只能一步一步向前邁進！其實這樣對獅子座《蛇》比較好，這樣才能「腳踏實地，穩紮穩打」，戰鬥力加倍嘛！

獅子座《馬》
性格與情感

生肖馬本來就是比較靜不下來的個性；而獅子座也是喜愛光炫亮麗的生活。可想而知，獅子座《馬》的感情生活一定是熱鬧非凡了。對於「感情」，他是很投入的哦！當獅子座《馬》愛上一個人的時候，一股腦兒就想把全部的愛都給對方，這樣很感人，可是也很嚇人喔！有時候獅子座《馬》會因為這樣，把剛剛培養起來的「愛情幼苗」給掐斷了。其實，他應該慢慢釋放自己的感情才對，這樣情人也比較能夠接受。

當然，獅子座《馬》的口才很不錯，這是大家都有目共睹的，不妨好好利用於對戀人的表達上。這不是要獅子座《馬》去花言巧語唬弄戀人，而是**用誠懇的心，讓對方能了解自己的心意**。這對感情來說是很重要的，而且用獅子座《馬》專屬的熱情表達方式，可是有差別的喔！

「感情」對獅子座《馬》是一件值得探討的事，拿捏分寸的好壞，也是重點之一。他的個性就是太急了！一個人的個性，又不是隨隨便便就能看透；更何況太快把自己的一切條件，都顯現給對方看，造成獅子座《馬》沒有什麼神祕感，一定要有一些可以誘使對方注意的條件吧！獅子座

《馬》要記住這些關鍵。

雖然說獅子座《馬》精力旺盛，什麼事都想要去做，可是恆心不太夠，而且常常起頭很有興致，當興趣過了，就冷卻了。因此，對於自己在工作事業上，一定要多多加強自我「督促」，這樣獅子座《馬》才不會半途而廢，打壞自己的名聲。記住！拿出勇氣果斷，好好善用獅子座《馬》的優點。

獅子座《羊》 性格與情感

獅子座《羊》是一個「外熱內冷」的人，他外在表現是很亮眼、積極努力；卻是當自己一人時，可不願被別人打擾，獅子座《羊》喜歡獨自品嚐那種「獨自一人」的安靜。那麼，他對感情也是那麼的不在乎嗎？當然不是，而且獅子座《羊》相對的要求還滿高的，他是無法容忍一段太過於「平淡」的愛情。

基本上，獅子座《羊》有著獅子座的性格在內，因此自然是會希望在感情生活上，能找到合自己心意，並且浪漫、美麗，卻不會太過於炫耀的戀人』，而且一定要能全心全意的在一起，這是獅子座《羊》最重視的一點。

獅子座《羊》的體貼照顧真的不像獅子座，也的確是生肖羊發揮了很大的作用。其實他在感情方面，是很有個人魅力的。因此，獅子座《羊》不妨多多細心留意一下自己周圍，說不定就會發現

「一雙深情的眼睛」在注視著他。

獅子座《羊》在感情的表現上，是屬於「體貼型」的，不同於其他獅子座那種活潑熱鬧的個性，**而且他很能給戀人安全感。獅子座《羊》要好好運用這種「安靜魅力」的特質，感情之路會比較順遂。**

獅子座《羊》的他，在工作事業上的能力是很不錯的，只是獅子座《羊》很少會把自己的心事說出來，也不和大家分享。因為他有著生肖羊暗自孤獨的個性。獅子座《羊》的外在表現很讓人欣賞，能力也不錯。但總是和大家有一段距離，這是獅子座《羊》的天生個性，這種內心寂寞的感覺，總是改不了。

獅子座《猴》 性格與情感

獅子座《猴》是個發脾氣時，來得快去得也快的人，這是他比較直爽的地方，也很愛結交很多朋友。由於他這種比較喜歡當「老大」的作風，因此會有想要去照顧別人的欲望，由此可知，他會對自己喜歡的那個人很好。

其實，基本上獅子座《猴》是一個有強烈欲望去掌控身邊的人，當然也包括了自己的愛人。但這通常是在感情剛開始的時候，對方會認為獅子座《猴》很能表現「愛」，可是日子久了，不論是誰都不願被人「管教」，因為每個人都有自己的生活方式，獅子座《猴》不能強迫別人一定要接受他的方式呀！

不過，不論獅子座《猴》是男生或女生，只要是陷入了「感情世界」中，很可能就會一頭栽進去，因為獅子座《猴》是非常投入戀情中的，剛開始時雙方會很幸福快樂，可是他一定要知道，「感情」是要走長長久久的，如何建立兩人之間的相處模式，獅子座《猴》必須學會去摸索。不過，**他有一項天生就有的本錢，那就是幽默風趣的口才，不妨多加利用，這會讓獅子座《猴》的他更受歡迎。**

獅子座《猴》的工作能力不容否認的是「極度優秀」，只是他的壞脾氣需要改善一下，不但個性急，再加上沒耐性，因此總是容易出錯。但獅子座《猴》的協調能力很強，能很快制止錯誤發生或是馬上止血。但他也很容易因小事而生氣，這可是會對他的友誼有所損害的。獅子座《猴》應該儘量的把修養練好一點，這樣會讓他更加成功。

獅子座《雞》
性格與情感

獅子座《雞》是一個常會在壓力過大時，進入自己「幻想世界」的人。很多人在壓力過大時，都不太會適時紓解自己的情緒，但是獅子座《雞》卻很會突破自己的「困境」，脾氣也很能隨著環境而改變，所以可以發現他是個很受歡迎的人。為什麼呢？因為他口才好，又加上很會裝扮自己，這些自然是能吸引異性的特點。

在「感情世界」中，獅子座《雞》的言行舉止是很幽默又活潑的。只是真的有另一半之後，他卻常讓對方在感情上產生不安全感。因為他和朋友實在是太熱絡了！**獅子座《雞》應該要讓戀人真正了解他的內心，另一半越能了解他、體諒他，會讓他們之間的感情更好。**

可不要看獅子座《雞》平常的樣子，一旦有了追求的目標之後，是會有明確計畫的。只要當獅子座《雞》安定下來之後，他的另一半真的可以把自己完全託付給他，兩人會有互相依靠與擁抱幸福的感覺。

獅子座《狗》
性格與情感

獅子座《狗》總是給人很獨立、自己可以解決一切問題的感覺，他也真的很具有那種「成功的架勢」；可是要知道「高處不勝寒」，當人有了金錢、權勢之後，常會覺得孤單，因此他的知心朋友並不多。

獅子座《狗》是一個很容易讓人發現並投以注目的一號人物，當然他的異性緣不錯，可是當他沒下決定喜歡誰之前，會讓人摸不清他到底在想什麼？這對獅子座《狗》的感情是很大的衝擊哦！因為，喜歡他的人會覺得他似乎不是很專情，有點不可靠。其實只是**獅子座《狗》對朋友都很好，因此不妨適時表現出專情的一面，這樣會對感情之路較有幫助。**

雖說獅子座《狗》的朋友也不算少，可是知心的摯友卻不多，因為獅子座《狗》是個不願讓別人太了解自己的人，很容易把一些來自身邊好友的真心及關懷拒於門外。更何況如果他對每個人都有戒心的話，獅子座《狗》是很難找到知心朋友的。

不過他對感情還是很有「神話」的想法，希望是那種一見鍾情，然後產生一段很唯美浪漫的感情，進而王子公主過著快樂的幸福生活。

生肖狗本性就是很上進又積極，再加上獅子座這種愛炫耀的個性。由此可知，獅子座《狗》是一個對自己前途很有把握的人，更不會放過任何一個可以攀上巔峰的成功機會。總之，他是對自己充滿絕對的「自信」，這不是每個人可以學獅子座《狗》而輕易做到的哦！

獅子座《豬》
性格與情感

獅子座《豬》對於「感情之路」，抱持著比較平常的心態，不是那種把感情當成生活重心的人，但他的個性卻很能吸引異性，為什麼？**第一：他很幽默、風趣，口才又不錯；第二：他有不愛計較的個性；第三：他對於錢的概念，不是那麼計較，可以說是很大方**（因此他要注意一下理財）；**第四：他不是一個會去多管別人閒事的人**，通常獅子座《豬》本來自制力就算不錯；**第五：獅子座《豬》有責任感**。

獅子座《豬》在陷入「感情」之後，會全心全意照顧對方，甚至是戀人的一顰一笑，都可能牽動獅子座《豬》的心情，這就是他陷入感情的最大徵兆，很特別吧！

可是在獅子座《豬》面對感情的抉擇時，可是會非常小心的哦！他不會輕易下決定，而是會用嚴肅的心情仔細考慮。對方必須要是一位能幫助獅子座《豬》於日常生活，尤其在他理財用錢的問題上，能夠鼓勵他的另一半。當然他是很有責任感的，會讓對方很放心和他一起生活。

獅子座《豬》真的是很不錯的哦！他給人活潑中帶有穩重的感覺，感受敏銳，很多事在他手中都能獲得輕鬆的解決。由於獅子座《豬》個性不錯，凡事都處理得有條不紊，讓別人可以信任。但他討厭那種口是心非的人，所以在獅子座《豬》的朋友通常都很誠懇實在。

CHAPTER 6
處女座

處女座的血型鑑定

處女座A型

處女座A型給人乾淨、純樸、善良的感覺。信守承諾，絕不會說了不做而反悔，在人多的場合中，一定是希望維持現場氣氛和諧的那個人。他有認真學習新事物的精神，對於學問更是孜孜不倦的求教。對於感情，處女座A型是內向害羞的，從不主動，而且精神上也是超純潔，不容許有一點點瑕疵。他們身上所散發出來的純潔高雅氣質是相當吸引人的。

由於處女座A型天生很守信用又重責任，所以對於別人託付的事，一定是全力以赴。處女座A型對事情的要求高，因此會讓自己有很大的壓力，轉而把情緒發洩在別人身上，讓別人覺得他很神經質、又煩、又囉嗦，這點處女座A型要注意一下，盡量控制自己的情緒，不要讓情緒影響了。

太過神經質，常常使處女座A型有患得患失的感覺，別人的一個動作、一句話都能使他困擾很久，不但讓處女座A型自己過得很緊張，也會妨礙交朋友的心情。

處女座A型給人的感覺是整齊、清爽，在眾人眼中，他們是乖寶寶，形象良好，做起事情也如同他們的本性是一絲不苟的，總是處理得很完美，所以上司多半很欣賞處女座A型的人。

處女座A型對於感情的要求，一如他們的個性，太過要求完美，因此會有過於挑剔的感覺，而讓人難以接近，但一旦他們戀愛時，是會全心付出的。

處女座B型

處女座B型似乎比較不像處女座那樣給人沉穩、內斂的感覺，而是比較自我一點，覺得對的就做，不喜歡的就不理會，所以有時會讓人納悶處女座B型真的是處女座嗎？

對於感情，他就像處女座了。一貫的害羞矜持，他是很內向的，不過理想過高，在現實中是很難做到的，因此他們會讓朋友有一種被冷漠圍繞的感覺。處女座B型常常會認為某件事事不關己，不要管它，省得為自己惹來很多不必要的麻煩。

雖然處女座B型自我意識很深，不過**他在團體生活中，不會過於堅持自己的意見，很能與大家一起溝通，處女座B型有「多一事，不如少一事」的心態**，因此**在團體中，很能與大家融成一體**。

在工作時，處女座B型也是很自我的，他不會為了薪水多而去遷就這份工作，也不會去做與自己興趣不合的職業，因為處女座B型不會違反自己的心意，會堅持找到自己志趣相投的工作，藉此發揮自己的才能。在錢財方面，處女座B型一直都是很樂天的，賺多少就花多少，不過他們也有自己獨到的一套存錢哲學，所以不會遇到沒錢可以花用的時候。

對於感情，一如處女座B型的特性，他要求完美、理想的伴侶，一定要樣樣表現完美，不能讓他們看到一點小小的缺點與瑕疵，為什麼呢？因為在處女座Ｂ型的眼中，只要一點小小的缺點，都會被慢慢擴大成無可救藥的遺憾！所以要記住，和處女座Ｂ型談感情時，另一半一定要把優點好好表現出來。

處女座AB型

溫文儒雅是處女座ＡＢ型給大家的印象，但他們並不是弱勢，該表達的時候還是會說，而且可以訴說得相當清楚，讓人覺得有條不紊，這就是處女座ＡＢ型的特性。他在感情方面屬於慢知慢覺型，就算碰到一個喜歡的人也不敢表達。

處女座ＡＢ型人際關係良好，屬於不會用強勢手段去推銷自己想法的人，不過，不要如此就小看他哦，惹火了處女座ＡＢ型，他是不會讓你有好日子過的，「人不犯我，我不犯人！」是他們的原則，處女座ＡＢ型覺得，如果大家能和平相處，有事互相幫忙，不是很好嗎？

比起動腦筋，處女座ＡＢ型他們又更高竿了，**ＡＢ型的聰明加上處女座的縝密思慮，任何計謀經過他們的分析、判斷，就會全部攤開在桌面上，清楚分明。處女座ＡＢ型的精細思緒，讓對手不得不佩服他們的一流頭腦及絕佳的組織力**，不過處女座ＡＢ型千萬別用錯地方，做一些邪魔歪道的事。

要求完美的處女座ＡＢ型，對於生活中的任何一項細節，都是有計畫性的，尤其是金錢。因此，「缺錢」對他們來說是不可能接受的，有計畫的理財，更會讓處女座AB型越來越富有。

處女座AB型很有吸引異性的特質，可是過於小心保守的結果，容易錯失自己喜歡的人。因此建議處女座AB型，如果遇到戀慕的異性，就應該好好把握，不要讓機會平白錯失，事後再來懊惱沮喪。

處女座O型

處女座O型喜歡把自己打扮得整整齊齊，很得體的出現在大家面前，他人緣很好，不會胡思亂想，而且他是有條不紊處理公事的類型，讓人覺得他們精明、幹練、世故。而對於感情，因為**處女座O型自視甚高，所以對於凡夫俗子根本不屑一顧，容易用他那銳利的眼神去挑出小毛病而導致分手。奉勸處女座O型不要用放大鏡來看愛情，那樣就太辛苦了。**

處女座O型與朋友、同事的相處，也是很和善，很難看到他們與人爭論到面紅耳赤，可是不要認為好講話就是他們好欺負，如果真是這樣對待處女座O型，你可能就會看到難得一見的「火山大噴發」場面，而你也會讓自己很難堪。

什麼麻煩事情，只要到了處女座O型的手中，一定可以迎刃而解，事前的各種狀況模擬及處理方式，他們都會在腦中構思一遍。所以對他們來說，只有接下來該怎麼做，沒有「遇到難題」這回事。

處女座O型的異性緣很好，表示他們有很多異性朋友，但是處女座O型擇偶條件很高，既要與自己登對，又要帶得出門，還要十全十美，這種「理想情人」似乎有點難找，因此處女座O型常常錯失了很多機會。

處女座+十二生肖完全解密

處女座的鼠：多姿多采的鼠
處女座的牛：安於現狀的牛
處女座的虎：隨心所欲的虎
處女座的兔：聰明活潑的兔
處女座的龍：有才智、有魄力的龍
處女座的蛇：美麗、機警的蛇
處女座的馬：工作努力的馬
處女座的羊：注重自我的羊
處女座的猴：勤勞工作的猴
處女座的雞：耀眼的鬥雞
處女座的狗：手藝好的狗
處女座的豬：富有的豬

處女座《鼠》

性格與情感

處女座《鼠》是個很有想法的人，而且是屬於獨立思考的人，當他下了決定，那可是沒有人可以改變的。不過，通常他在聽取別人意見時是很專心的，但不合處女座《鼠》的意思，他仍舊不會採用。

不過，處女座《鼠》很容易「情緒化」，只是時間不會拖太長，而對於幫助別人可是很認真的。只是在喜歡上一個人，不管是否表明，都會在他內心起很大的漣漪。

因為，不停想不停猜，甚至會擾亂處女座《鼠》的日常生活，這點他要注意。感情雖然很難捉摸，可是也要在雙方表白之後，再來進行下一步，千萬不要把自己的思緒搞亂，這樣就會打亂日常的生活秩序，尤其像處女座《鼠》的生活是很規律的，千萬不要為了不確定的事，而擾亂了自己的生活。

在感情世界中，處女座《鼠》似乎沒有那麼精明理智，往往會陷入糾纏不斷的感情中，可是又不背離屬於處女座的純潔思想，因此，**處女座《鼠》總是給人想追求「童話」般的感情觀。可是一旦當他決定去「愛」了，那可是大家怎麼勸也勸不回來了。**處女座《鼠》一定要睜大眼睛仔細尋找自己的幸福。

生肖鼠本來就很小心，再加上處女座，處女座《鼠》就是一個不太好相處的人，可是把事情交待給他，可以放一百二十個心，一定是處理得十分完美。在此要告訴處女座《鼠》，儘量把自己那小心謹慎的心打開來，自然會發現這個世界的美麗，看見這社會溫暖的一面。

處女座《牛》性格與情感

由於生肖牛本來就是很守本分的個性，而處女座又是小心的星座個性，可見這個組合的處女座《牛》，是比較容易把自己關在「心中堡壘」的人。不過，在現代社會中，很少見到像處女座《牛》如此執著於「自我世界」的人了。

在感情之路上，處女座《牛》是一個對感情充滿著純真幻想的人，希望自己是在那種充滿「愛」的感覺中生活，但是現實生活怎麼可能這樣順利！通常，處女座《牛》會給人一種很執著又固執的感覺，所以，有時似乎不好溝通。因為處女座《牛》都只想著自己的事。

處女座《牛》尋找對象的條件，不算低哦！他要挑「高等級」的人物，第一：外在條件就要讓他看順眼；第二：個性要讓他感覺很純真可愛；第三：當然是要和他互相看對眼。這是處女座《牛》最重要的「擇偶條件」。在這裡奉勸他，千萬不要太把「理想」與「現實」混為一談，不然可能失望的機率會比較大。

大家可能不知道，處女座《牛》的口才是很好的哦！因此，他可以多多運用自己會講話的優點，增加表現自己的機會，這種成就感會讓處女座《牛》增加更多自信心。

處女座《牛》在工作上很努力哦！不過他就是過於守規矩，有時還真讓人到受不了的地步！由此可見處女座《牛》的個人特性很強悍，可是他是很有責任的，而且處女座《牛》做每一件事都要一步一步來，不會投機取巧。其實，偶爾讓日子過得輕鬆一點，處女座《牛》會感覺這是不錯的生活情趣。

處女座《虎》
性格與情感

處女座《虎》天生就是勤奮努力的個性，而且是吃苦耐勞的人，這讓周圍的人很欣賞他。大家可能不知道，**處女座《虎》是很有「藝術及美感」的眼光**，這是他天生的特質。**因此，他一舉手一投足都能吸引異性哦！**主要是自己身上就能散發出那種特殊的魅力！但是他不會太過依賴感情，而能把工作和感情分得很清楚。其實這是很好的哦！

處女座《虎》能在可以接受的範圍之內，去要求自己的對象，不會接受只知談感情的生活。他很要求對方的工作能力，如果另一半的能力不強的話，那處女座《虎》可是會受不了的哦！他是一個工作狂，當然也會希望自己的另一半能有打拚的精神，所以「感情」對他來說，並不是生活的重點。

處女座《虎》基本上個性很能幹，本來生肖虎就是個性很強勢的人，再加上處女座的謹慎，自然他的工作事業能力是不容忽視的。原本處女座《虎》就是互補的組合。因此反倒成了一種正面的個性，在工作事業上，都很能發揮自己的本領。

處女座《兔》
性格與情感

生肖兔本來個性就比較謹慎，再加上處女座，相信不用說就知道了，處女座《兔》一定是個非常講求完美的組合，甚至會給別人一種外在非常整齊乾淨的印象，只是有時候，他會讓人有不太好接近的感覺。通常處女座《兔》都是給人很溫和的態度，他既不會誇耀自己，也不會去論人長短。所以，他總是讓人覺得非常的溫和，脾氣很好。因此處女座《兔》的人緣很好，這是不容置疑的。

但在處女座《兔》的感情生活上，別人就真的看不出來了。因為，他雖然脾氣還不錯，可是給人有些距離的感覺。其實，他也不希望讓人太了解自己，這是對處女座《兔》的保護色。甚至連他的真正感情別人也看不出來，因為他的小心謹慎，在還沒有真正知道結果時，處女座《兔》絕對不會透露出來，可是他很有耐性，會慢慢去探索對方哦！

一旦處女座《兔》決定了對象之後，那麼戀人會很幸福的！因為他的個性很穩定，能帶給對方安穩和舒適感，但這要等他確定雙方的關係之後，對方才能感覺到。

處女座《兔》有很純潔的個性，也就是他非常追求自己想像中的完美理想，可是他卻沒有積極經營的個性，所以處女座《兔》總是給人太純潔的感覺，不夠有活力。在工作事業上，他應該要加強一些動力，不要太消極過日子。

處女座《龍》
性格與情感

處女座《龍》的自我意識很強哦！平常的表現是很讓人稱讚的，但那是順著他意思的時候，如**果有人當場給他出難題，處女座《龍》可是會讓對方好看的。**

通常一般人在碰到感情問題時，似乎會不知道該怎麼辦，但對處女座《龍》來說，感情與事業是一樣的重要，這點是受到處女座的影響！因此，處女座《龍》不算是一個有浪漫個性的人，但他卻是一個很實際的人。

當處女座《龍》工作順利時，在感情上會對另一半非常好的哦！那種柔情與體貼，都是平日在處女座《龍》身上所看不到的，被他愛上的那個人真的是很幸福。

大家一定會問處女座《龍》會喜歡什麼樣的另一半呢？「能幹」要排在第一位，能力不好的人，他會受不了的。還有就是最好有個人的生活空間，個性上不能太依賴。但是不管對方要做什麼，他一定會支持到底。

處女座《龍》對自己要求也是很嚴格的，不但在言行舉止上，連日常表現也算優秀，只是自我意識太強了，對於別人的言語、舉止，會有高度的警戒心，也就是自我保護欲比較強。處女座《龍》在面對挫折時，總是很有能力去解決，他是個很有計畫的人，遇事並不會畏縮不前。

處女座《蛇》性格與情感

處女座《蛇》是一個很努力於提升自己生活的人，厭惡不勞而獲。也因為脾氣「直」了一點，常會在不知不覺中惹火了別人。

處女座《蛇》會去注重自己外表給人的感覺，這是他對自己最基本的要求，其實他是個擁有很多讓人喜歡特質的人，只是常常會不自覺去挑別人的毛病，有時讓人受不了！但從另一方面來說，處女座《蛇》是一個對朋友很好的人哦！有困難他一定幫忙，這是他給人感覺很好的暖陽個性。

在感情世界中，處女座《蛇》優雅的外表，就替自己贏得很多分數，再加上和善的個性，更是加分又加分！由此可知，處女座《蛇》是很具有異性緣的，只是他的毛病不少，可能是挑剔的處女座起了作用吧！對於他的戀人，處女座《蛇》是會從內到外的一一要求，甚至是很嚴格的。

在剛開始談感情時，對方會摸不透他到底在想什麼，因為處女座《蛇》表現得不夠明顯，甚至讓另一半感覺不出來，可是**從一些日常生活細節，對方應該可以感覺出處女座《蛇》的貼心照護。他特別挑剔，但一切都確定了之後，處女座《蛇》是會對愛侶很好，照顧到無微不至的。**

處女座《蛇》比較不喜歡「出風頭」，因此不願意出席有很多人的場合，可是他的口才很好，這是眾所周知的。平常在事業上，處女座《蛇》是一個認真、守本分的個性，絕不會偷懶怠惰，而且還會督促別人一起努力面對問題喔！

處女座《馬》

性格與情感

處女座《馬》能在不知不覺中，表現出一股迷人的氣質。因此，基本上異性的追求者不少，但他仍舊不脫處女座那種謹慎小心的個性，會很慎重的看待自己的感情。

通常，處女座《馬》的價值觀比較強勢，這也是為什麼他會在工作上那麼努力的原因，因為他要給自己充足的安全感。在挑選對象時，另一半的工作能力不能太差哦！通常處女座《馬》會有一定的擇偶條件，絕不會被一時的激情給矇住眼睛。既然要選，就要選一個符合個性條件的才可以。

當然，這並不表示處女座《馬》不嚮往愛情，只是他的感情是建築在「經濟基礎」之上。不過，這樣也有壞處的。有時候，選定了對象，也不見得就能持續長久。因為，處女座《馬》仍舊是重視「物質」的需求，物質生活中，如果出現生活品質下降的狀況時，那對處女座《馬》會是一件非常困擾的事。

不過，當一個真真正正符合處女座《馬》條件的人出現時，他一定會好好維繫這一段感情。不論怎麼說，每一段感情要培養起來都不是容易的事，更何況處女座《馬》對另一半的要求，條件真的太高了，他能找到滿意的伴侶，當然要好好把握了。

生肖馬本來對工作就是屬於很努力的人，現在又加上處女座這勤奮的星座，可見得**處女座《馬》是幾近於「工作狂」的程度。不但如此，還會要求自己在每一項工作上都要做得很好**，如果同事們也屬於工作狂，那樣就沒關係，但如果是相反個性，那可是會累死彼此，因此，處女座《馬》有時候應該要懂得「適可而止」，不要把身邊的人和自己都弄得很緊繃。

處女座《羊》性格與情感

處女座《羊》有極為小心的個性，在沒有確定以前，他不會輕易下決定，尤其是感情的事，他是相當謹慎的。在感情的路上，處女座《羊》是一個熱情的人，可是因為他小心的個性，常常「忘了」給別人機會，使得對方無法好好發揮熱情，如果處女座《羊》喜歡對方，那麼對方可是要好好把握，適時表現一下，才能博得他的歡心。

當然，不論處女座和哪個生肖配，最後都會傾向於處女座的個性。處女座《羊》希望有個安穩的環境，這當然也是穩定的他所嚮往的生活。生活中不需要有太多的花俏事物，只要能安安穩穩的過日子就好。尤其處女座《羊》算是很有自信的一個人，在感情穩定了之後，通常會有別的計畫，而不是只忙碌於自己眼前的事情，對處女座《羊》來說，人生還有很多事要忙！

處女座《羊》在感情生活中，知道人生本來就是一種互相依賴、互相扶持的生活，而不是由任何一方來指揮另一半，過著一個人宰制另一個人的生活。**處女座《羊》了解長久生活是要互相有默契，而不是看誰能佔據誰的生命！誰要聽誰，雙方是要互相關懷的！**

生肖羊本來就不「強勢」，而且很「溫和」，加上處女座的追求完美，基本上，就形成了處女座《羊》看事情會有比較不實際的感覺，甚至有時不會面對現實，這是處女座《羊》在追求進步時的阻力！他一定要加以改善，否則長久如此，他會愈來愈不願面對實際，害苦了自己。

處女座《猴》

性格與情感

處女座《猴》對自己的工作很專注，希望能夠讓自己出人頭地。基本上，由於他天生喜歡聽到被別人讚美的話，因此，他總是認真努力工作，因為有了實際的成果，才會有人讚美，不是嗎？處女座《猴》有非常敏銳細膩頭腦的人。因此，在日常的生活處事中，只有他去指使別人，很少有人能指揮他，因為處女座《猴》智慧過人。

在感情生活中，處女座《猴》會有想掌握戀人的欲望，因此有時難免讓人受不了，可是他又有非常浪漫的想法，一旦和對方相戀之後，他會把自己浪漫的特質好好發揮，再加上一些追求戀人的招數，不論是任何人都會陷入處女座《猴》愛情的漩渦當中。

處女座《猴》對感情的占有欲很強，和他在一起時是快樂又幸福的，可是日子久了，那種凡事被綁手綁腳的關心，會讓戀人受不了的。每個人都希望有自己的生活空間，因此，處女座《猴》要好好看待自己的感情生活，試著給別人一點空間吧！

處女座《猴》在工作事業上是很能幹的，能擁有自己發揮的一片天地，而且事業工作的成功與否，跟他的情緒好壞很有關係，處女座《猴》希望自己是個有工作能力的強者。另外，他的探索心很強，適用在工作上是還不錯，但千萬別用在感情上，這樣另一半會苦得受不了。

處女座《雞》性格與情感

處女座《雞》的精神、體力、腦筋，都是屬於一流的等級，可見得是一位非常有能力、有衝勁的人生，但就是比較不合群，因為處女座《雞》這種能力太好的人總是比別人能幹，會對其他人説話比較大聲一點。因此，處女座《雞》似乎常常給人的感覺不太舒服。

在感情世界中，處女座《雞》不算溫柔體貼型，當然就不用提「浪漫」兩字了。因為，他的個性太過積極了，每一件事都一定要有結果才會去做。可是感情怎麼可以和其他事拿來相提並論呢？感情是屬於雙方的事，處女座《雞》是沒辦法去掌控另一個人的思想的，因此，他應該要在遇到感情的時候，放下自己的身段，儘量體會對方的心情，相信聰明的處女座《雞》會知道該要怎麼做。

不過，**處女座《雞》卻時常有著可以幫忙朋友的貼心，只要別人有困難，他總是會盡心盡力的**。如果是自己喜歡的另一半，當然更會努力不懈地去做好一切！處女座《雞》在這一點，是很讓對方感到窩心的哦！處女座《雞》其實是個有生活情趣的人，不妨把高傲的姿態放低一點，這樣才會讓他更受歡迎。

講到處女座《雞》，他周圍的朋友第一個反應就是：「此人脾氣不太好哦！小心！」，處女座《雞》自信心很強，工作能力也很棒。但是通常能幹的人，協調能力就比較差，因為沒什麼耐性去聽別人說話，處女座《雞》總是認為自己想的就是對了，在此要告訴他，應該要儘量控制自己的情緒，相信在與人相處與事業發展上，會更順遂。

處女座《狗》 性格與情感

處女座《狗》，不用說什麼，只要憑著字面，就可以看出他是一個比較傳統的保守個性。他本身是非常的誠懇勤勞，可是不要這樣就以為處女座《狗》是反應慢的老實人，這可就錯得離譜了。其實他心思很細膩，什麼事都會想得仔細，做事也很認真，真的是讓人放心的處女座《狗》。

感情對處女座《狗》來說，是人生必經的一個道路。他對人生是有計畫的，包括感情婚姻在內。所以處女座《狗》不免就會用小心謹慎的心態來面對，可是他對另一半的好，那是不容懷疑的！

處女座《狗》幾近於是分分秒秒的關懷，對方會很感動。可是「人非聖賢，孰能無過」，他仍舊有讓對方受不了的地方，那就是他比較仔細挑剔的心，就算是那種不起眼的事，處女座《狗》都可以很細心的去注意，甚至一定要把事情做到完美，處女座《狗》這樣會讓平常人很受不了，有時根本就是「雞蛋裡挑骨頭」啊！

可是處女座《狗》對婚姻，甚至從性關係到感情生活，都是很傳統保守一型的人，讓對方有著「事情溫馨」的感覺，現代這種愛情太不好找了喔！更何況保守的觀念似乎也是不多，處女座

《狗》多少保留一些愛情「古早味」呢！

生肖狗的忠貞、誠實，再加上處女座的純潔、謹慎，在平常工作上是很小心翼翼的人，而野心就沒有那麼的強烈旺盛。處女座《狗》總是保有天真、純潔的樸實個性，因此很受人歡迎。只不過，通常他的防人之心比較不強，因此處女座《狗》要堤防小人騷擾。

處女座《豬》性格與情感

生肖豬有本性溫和善良的個性，而處女座是那麼的純潔樸實，因此，可以知道**處女座《豬》是一個「人性本善論」的支持者，面對任何的人、事、物，都用最和善的心態去看待。**

在感情世界中，其實處女座《豬》是很有優勢的哦！他外表讓人感覺很舒服，乾淨、整齊又純潔；而且他內心善良，再加上處女座《豬》審美觀相當好，對藝術欣賞的眼光也很獨到，因此，處女座《豬》整體的魅力是不錯的。

在感情生活上，處女座《豬》對另一半很好，能用溫柔的心去對待戀人。可是他非常重視「物質生活」，處女座《豬》認為：「感情」雖然很重要，但是「物質生活」更是生活中重要的部分，這樣處女座《豬》會給人比較「現實」的感覺，不過，想起來處女座《豬》的想法也完全沒錯啊！

由於處女座《豬》個性比較溫和，因此，在一切條件都符合了之後，他對另一半會非常好。可是有所不滿時，處女座《豬》也不會說出來，但是感情生活就是要「有話直說」，才能長長久久。

處女座《豬》對自己的人生目標與未來前途有著明確的規劃，不會「好高騖遠」，是一步一腳印的踏實類型。處女座《豬》很有著很值得別人放心的個性，可是他太保守、太傳統了，有時會變得比較沒有主見，而會去聽從別人的意見，或太過於依賴朋友，這樣對處女座《豬》不好，一定要有自己的想法與主見才可以哦！

CHAPTER 7
天秤座

天秤座的血型鑑定

天秤座A型

天秤座A型表現出來是優雅、迷人的風範，讓別人一看到他們就覺得有男生瀟灑、女生美麗的感覺，正因如此，有時可能反而會引起同性的排擠。在感情世界中，他們是絕對有魅力的，但因為個性使然，他們不會有所謂瘋狂的戀愛，而是用優雅、沉穩的方式來談感情。

天秤座A型給人的外在感覺就是棒，不過處理事情時的態度就會給人：「怎麼這麼公事公辦，一點都不講情面！」的感覺。因為在處理事情時，天秤座A型他們可真是發揮了天秤座的本質要：「公平、公平，一定要公平」的想法。

天秤座A型在工作中的表現是中規中矩的，因此，如果不能做自己喜歡的理想工作，就沒什麼突出的表現，只是安穩的在自己的工作崗位做自己該做的事而已。但是，如果做的是自己喜歡的工作，那一定是將全部精力投入工作。但是什麼是適合天秤座A型的工作呢？

因為他們對美麗的事物很敏感，如果從事設計或研發方面的工作，對天秤座A型的人來說，是再好也不過了。

在用錢方面，天秤座A型是不會虧待自己的，只要是有興趣的、喜歡的，就算要花很多錢也會去購買，不要懷疑，天秤座A型他們是很善待自己的。**天秤座A型是天秤座裡面，最不花心的一型；不過他也是挑選伴侶最審慎、小心的一型，讓他們挑中的另一半，絕對是萬中選一的完美化身。**

天秤座B型

天秤座B型他們過於隨性的個性，造成別人對他們有比較隨便的感覺，可是他們就是這樣，認為只要自己高興就好，為什麼要遵守那些陳年規定，讓自己束縛在不必要的規矩之中呢？越是流行特殊的打扮，天秤座B型越覺得棒呀！

對於感情，他比較沒有想安定的感覺，喜歡刺激新鮮，不受拘束，似乎是個天生就不受管轄範圍之內的一群，天秤座B型想做什麼就做什麼，就是「只要自己高興，天王老子都管不著我。」因此，天秤座B型過於膨脹自己的個性，而變得沒耐性也沒有穩定性了。

在交朋友方面，天秤座B型那是不需要人擔心了，外向、活潑的個性，交友滿天下，可卻讓他們的上司傷透腦筋，因為無法安安靜靜的待在一個地方工作，也是天秤座B型比較容易換工作的原因之一。要他安安靜靜待在一個固定的地方上班，那是不可能的事，最適合天秤座B型的工作，就是所謂的「自由業」，因為那樣時間不用固定，工作量自行決定，一切都由自己來決定！

天秤座Ｂ型吃喝玩樂樣樣在行，花錢對他們來說，就是毫不在乎；只要自己開心快樂就好。**對於感情，天秤座Ｂ型只要快樂就好，不要被束縛、被綁住，他要自由自在的感覺**，有愛的感覺就在一起，沒愛的感覺就分手，天秤座Ｂ型就是這麼簡單的看待愛情。

天秤座ＡＢ型

天秤座ＡＢ型是冷靜的人，另一方面也可以說是冷漠，因為他是如果事不關己就不管，但只要是他自己份內的事，一定能夠完美達成，所以上司很欣賞他們的辦事能力，不過同事可能就會嫉妒了。對於感情，天秤座ＡＢ型一定會用高標準去選一位伴侶，一旦選定了，他們就會全心付出，毫不保留。

天秤座ＡＢ型本身會散發出高雅動人、聰明過人的一面，因此在遇到突發的狀況時，他也不會驚慌失措。不過，天秤座ＡＢ型很會保護自己，這是很多人不知道的。基本上，這是因為天秤座ＡＢ型缺乏自信的結果，必須有一個很會掩飾的外表來保護他的內心。

對於用錢方面，天秤座ＡＢ型是不愛浪費的，不過他也不會節省到像是在虧待自己，該用的用、該買的買，自己喜歡的就去買，非必需品那就看看就好，這才是不虧待自己，也是天秤座ＡＢ型「平衡」的個性嗎？

天秤ＡＢ型是很愛交朋友的，他身邊常常會有很多朋友，而且不管同性或異性，他都可以深交，因此老是讓人覺得他們身邊異性朋友很多，而給別人錯覺他很花心。**但真實天秤座ＡＢ型擇偶的條件是很高的，要各方面都表現得符合他們條件才有機會，簡直就是站在殘酷選秀的舞台上，被天秤座ＡＢ型盯著瞧！**

天秤座Ｏ型

天秤座Ｏ型是屬於天秤座中較特別的一個型，因為他們給人負責、認真、勤勉的感覺。在工作中，也因為很努力而受到上司重視，很會照顧人而受同事的喜愛；比較沒有天秤座會左右搖擺、舉棋不定的個性。對於伴侶，天秤座Ｏ型他們倒是要求比較高，要內外兼具，又要有涵養、美貌，以便和自己匹配。

天秤座Ｏ型是比較特別的一群，**做事踏實又沉穩，而且好學不倦，不會半途而廢，各種知識與智慧，天秤座Ｏ型都願意廣泛的涉獵，因此給人聰穎過人的感覺**。在工作場合中，天秤座Ｏ型可是勤奮、努力又認真，讓上司及同事覺得幸好有他幫助。加上他又很樂於幫助同事，所以天秤座Ｏ型人緣很好，在上司同事的眼中是好員工、好朋友。

支配金錢方面，天秤座Ｏ型雖不至於精打細算，但也不會委屈自己，很能控制購買欲望，這是標準天秤座Ｏ型的個性平衡。那麼天秤座Ｏ型找另一半是不是也會這樣呢？沒錯，他一定要找一個不管是外貌、學識、涵養可以和自己搭配的另一半。

天秤座＋十二生肖完全解密

天秤座的鼠：最溫柔的小老鼠

天秤座的牛：八面玲瓏的牛

天秤座的虎：個性平和、善良的虎

天秤座的兔：有魅力的兔

天秤座的龍：有自信、有魄力的龍

天秤座的蛇：有禮、有情、有義的蛇

天秤座的馬：出盡風頭的馬

天秤座的羊：一定會成功的羊

天秤座的猴：機警聰穎的猴

天秤座的雞：個性活潑的雞

天秤座的狗：溫文儒雅的狗

天秤座的豬：純潔的小豬

天秤座《鼠》
性格與情感

天秤座《鼠》天生是個舉手投足都引人注意的組合，再加上他對自己的要求很嚴格哦！不論是日常生活、工作、外表裝扮都是一絲不苟的，要用最好的一面示人。

天秤座《鼠》從來不缺朋友，因為外在表現的個性很好相處，自然不會缺朋友。但是大家可能不知道，**天秤座《鼠》在這溫溫和和的環境中，卻會慢慢暗中引導大家來依靠他，使自己成為一個領導者，簡直是一個會把人當小木偶來操作的「控制」高手**。

感情對天秤座《鼠》來說，是他一生中很重要的課題。當然以他天生優雅的外在，感情之路是走得滿順利的。天秤座《鼠》本身那種溫和的說話語氣、不固執的脾氣、具平衡感的情緒，一項項都讓大家很舒服。可是天秤座《鼠》也有一些讓人討厭的缺點：不夠積極、太放任自己的感覺。說得好聽是「浪漫」，可是其實是不切實際實際！

天秤座《鼠》對感情的忠誠度非常高！他絕對不會認為感情只是一時衝動、一時暈眩，而是要長長久久的談下去。因此，天秤座《鼠》所要求的是兩人都必須對自己的選擇要有責任感，不可以把戀愛當成兒戲，這是他不容許的。感情中的「責任」是他最要求的第一選項。

天秤座《鼠》是個腦筋靈活的人，因此，通常在工作事業上的表現很不錯，能力也很強。但他不會給周圍的人壓力，因為天生優雅的他，也不會做出什麼太給人壓迫感的事。天秤座《鼠》只是不停的努力於自己的版圖，去擴張自己的未來。

天秤座《牛》 性格與情感

生肖牛在個性上是屬於比較沈默不愛講話的一型，可是卻很勤奮努力；天秤座剛好補上生肖牛缺乏的特質，成為比較健談，交際手腕也比較好的天秤座《牛》，自然而然成為朋友中帶頭的那一個。

對於感情，天秤座《牛》是很有耐性的哦！當喜歡上對方時，會開始不停的試探對方，直到對方也喜歡上自己。天秤座《牛》也會讓對方知道自己的優點，在日常相處上，當然仍保持天秤座的優雅、舒適，只是有時天秤座《牛》仍舊不免會有生肖牛的固執，只不過固執的時間不多，天秤座《牛》基本上是很會控制自己的脾氣。

感情在剛開始的時候，天秤座《牛》當然是會儘量去取悅對方，而且會不停有很多小動作示愛，可是當感情從熱戀期而慢慢淡下來時，生肖牛的本性就會讓他稍微安靜，這時天秤座《牛》可要拿出天秤的浪漫本性，來繼續維持那種甜蜜感覺，別讓感情「急凍」了。

天秤座《牛》的個性中，多多少少有一點會想要去掌握另一半的感覺，這並沒有說是不好，可是他要懂得拿捏這之間的分寸，天秤座《牛》要讓對方覺得他是關心，而不是束縛。

天秤座的優雅加上生肖牛的積極，在工作事業上，會讓大家覺得天秤座《牛》是很優秀的感

覺，大家會看到一個有條不紊的人，不急不徐地工作著。有時過多的讚美會讓天秤座《牛》變得有些驕傲，因此他應該保持謙虛的本性，才能長長久久擁有受歡迎的局勢，也才能贏得更多的讚美。

天秤座《虎》
性格與情感

生肖虎很欣賞自己，也很滿意自己的個性，可是他的缺點是脾氣不好。不過，這點請放心，因為他有天秤座綜合，而星座中，天秤座可是一個和諧之星。這樣綜合起來，天秤座《虎》成了有能力，又有修養的個性，很討人喜歡哦！

在感情之路上，天秤座《虎》希望自己能夠吸引人，因為他其實很愛面子，而且在喜歡上一個人的時候，暗中的小動作很多，對方不注意到他都難，可是他也會對對方很好，這是不容否認的。其實，通常天秤座《虎》的感情都還算順遂，主要是他本身的個性相當溫和，比較少會和別人起衝突，而且不喜歡有爭執的場面。所以，對脾氣不好的那些人，天秤座《虎》是「敬而遠之」。

適合天秤座《虎》的另一半，最好是個性溫和的比較好，因為他認為**「感情溝通」很重要，有話就要說出來，不要放在心裡，要心平氣和的說出來**，天秤座《虎》認為這很重要的，這樣感情才能維持長久的。

天秤座《虎》可以給人一種「光明磊落」的感覺，會讓人認為他的能力不錯、脾氣也好。更重要的是心地善良。所以，天秤座《虎》的人緣真是很不錯。在工作事業上，他很努力認真，也很能幫助大家，可是他卻有著不想給自己太大壓力的想法，但是這樣反而會破壞他的優雅生活。

天秤座《兔》性格與情感

天秤座《兔》是一個很引人注意的人，因為本身表現出來就是很溫和又很乾淨的感覺。所以如果是在一堆吵雜的人群當中很難發現他，天秤座《兔》會安靜待在角落，不想要引起大家注意。

不過，在感情之路上，天秤座《兔》的要求，總是給人很高的感覺。為什麼呢？第一：他本身對自己的要求就很高，尤其是在工作上的要求；第二：占有欲會比較強，希望對方能完完全全的屬於自己，這樣保證讓人受不了的緊迫盯人；第三：天秤座《兔》太要求整齊清潔了，有些「潔癖」，這可能在剛開始時對方可以配合，日子久了，對方也會受不了。

在感情生活中，其實天秤座《兔》是很溫柔的，能讓對方感受到他的柔情。只不過他好像不能持久專情，應該是說他「定性」不太夠，往往在感情的熱度過了之後，就會變得比較冷淡，天秤座《兔》要注意一下這點。在感情上，他比較不是很專注的人，要小心不要一頭栽進「感情遊戲」中，到時候後悔就來不及了。

天秤座《兔》是個不會愛出風頭的人，卻是那種一直慢慢在自己崗位上努力打拚的人；而且平時不愛炫耀，所以當他成功時，可能會讓眾人刮目相看。不過天秤座《兔》本來就表現得很不錯；他還有一項優點，那就是很有毅力，在自己決定一件事之後，一定會很努力去達成。

天秤座《龍》性格與情感

天秤座《龍》真的是個性平淡的一個人，很少有什麼激動的情況出現，就算是再重要的事情，天秤座《龍》也能先以冷靜的頭腦加以分析再做決定。他把「感情」和「物質」放在同一個天秤上的哦！不會是只要有甜蜜的感情就好，甚至認為「經濟條件」可是現代社會的重點。其實這個觀點沒錯，可是要提醒自己，可別成了「現實主義」者。

在感情道路上，天秤座《龍》有了既定目標之後，就不會改變了，而且會一直堅持下去。雖然說，每個人不可能一生只談一次戀愛吧！可是他卻能記取教訓，然後在戀愛中加以發揮。還有，想當天秤座《龍》的另一半，就必須是一位好聽眾，因為他的個性會有一點點囉嗦，這是因為豐富經驗的累積而造就的吧！

通常，天秤座《龍》有著很良好的婚姻生活。因為**他的個性比較趨於成熟，而且思考周詳，不會莽莽撞撞去做一個決定。當然，這也是他充滿智慧的表現**。對於感情，天秤座《龍》是不會太過於強求的，一定要雙方心甘情願，這段感情才能美滿又持久。

天秤座《龍》是個在面對事情、工作、感情，都非常專注的一個人。由此可知，他在面對工作時，能很專心去做好，只是個性比較直接！天秤座《龍》不夠靈活，所以一次只能專注於一件工作上，但這樣的好處是他可以很專心，不會有一心二用的情形，如此一來，天秤座《龍》在自己的工作領域還算有成就。

天秤座《蛇》
性格與情感

天秤座和所有生肖的搭配中，最具有「肢體魅力」的就屬和生肖蛇的組合，那是因為同樣是會追求美好的事物，天秤座《蛇》在自己的日常表現上，也能把它發揮出來，再加上凡事要求和諧，自然更增添一份魅力。

「感情」對天秤座《蛇》來說，似乎不用主動去尋找，就會不停出現機會，這可是羨煞很多人的！只是要注意自己的言行舉止，不要給人不專情的感覺，那就不好了。

天秤座《蛇》是一個製造「浪漫」的高手，主要也是因為自己喜歡那種氣氛。由於很有魅力，常給人感情不太專一的感覺。其實這真的是誤會，他是非常重視感情的，因此**天秤座《蛇》只要有了對象，就會全心全意的去愛對方。最重要的是，要讓對方有感情上的安全感**，如此兩人的戀情將會很甜蜜！

但是就算天秤座《蛇》不找別人，只怕別人也會來誘惑他，因為他那來自於天生的魅力，可說是完全「無法擋」！所以天秤座《蛇》一定要穩住自己別被引誘而對不起另一半。

天秤座《蛇》在舉手投足之間，都非常具有魅力哦！這是因為天秤座本來就是「美之星」，加上生肖蛇天生不凡的氣質，讓天秤座《蛇》有相當吸引人的魅力氣質。在工作事業上，天秤座

《蛇》則不是特別有野心。

天秤座《馬》性格與情感

天秤座《馬》常常給人很有氣質的感覺，不但如此，還另外有一種特殊穩重的味道。在感情之路上，天秤座《馬》本身很具吸引力，他自己也很清楚。天秤座《馬》可能會希望對方能以自己為主，這在熱戀期當然沒有問題，可是時間久了，問題就來了。

彼此總是兩個不同的個體，怎麼可能讓對方一定要聽天秤座《馬》的呢？彼此總是要互相付出吧！更麻煩的是，天秤座《馬》想掌控對方，可是又凡事依賴，對方還不能有主見。基本上，相信沒有幾個人可以接受的啦！自己一定要善加檢討，多多發揮自己的優點，然後改善缺點，那麼天秤座《馬》一定會更加迷人！

不過，**能被天秤座《馬》愛上，那是很幸福的！因為他很能發揮感情的細膩度，再加上他那種迷人的氣度，要對方不深陷進去好像也很難**。至於如何維持戀情熱度的長久，就看天秤座《馬》的表現了。其實，他要找對象真的很好找，只看天秤座《馬》自己怎麼做，怎麼維持而已。

天秤座《馬》是一位很重視自己責任和義務的人。因此，在工作事業上，很自然會強迫自己要努力做好份內的事。由於天生對美有鑑賞能力，不妨可以從事和美有關的工作應該會不錯。

天秤座《羊》
性格與情感

對於感情生活，天秤座《羊》似乎是對感情的誘惑抵抗力比較低一點。他喜歡美的、好的事物，而且把感情世界想得太美好了。應該要加上一點「實際」的想法，不要老是活在「童話故事」中。

在感情世界，天秤座《羊》通常是無往不利的，這是因為他表現出來的那種溫文儒雅，基本上很少人能拒絕；而且他又很重視自己的外在，這自然就是一個難以讓人抗拒的表現。通常，只要他談了感情，就變得依賴對方，凡事都要等對方決定，因為天秤座《羊》不是一個愛獨立自主的人，這下有人可以依靠了，那他更是會變得一點都不獨立自主了。

另外有一點，天秤座《羊》一定要注意的就是「感情的表態」。**因為他本身具有吸引人的魅力，自然會有很多異性圍繞在身邊，這時可不要好像對每個人都有意思**，這可會替天秤座《羊》自己找麻煩的哦！**喜歡一個人就一定要有明確的表白**，這樣才不會讓人在背後對他議論紛紛。如此一來，天秤座《羊》也能早日找到好的另一半，才不會在情路上一直尋尋覓覓。

天秤座《羊》對工作比較沒有野心，當然就不屬於積極主動的那一型。不過，由於天秤座《羊》有自己的理想，因此也不至於表現不好。在平常生活上，他比較偏於享受，希望自己過得很舒服，這也不能說是不好，因為，這是天秤座《羊》個人的喜好，很難去改變他的。

天秤座《猴》性格與情感

天秤座《猴》這樣的組合，並不像其他天秤座的組合，總是那麼安安靜靜。他真的是很活潑外向，又不失有一種沉穩的氣質在。因此他可以接受很多挑戰，都不會輕易退縮，再加上他聰明的腦袋，真的是天不怕地不怕的天秤座《猴》。

天秤座《猴》似乎給人不太專情的感覺，如果這麼想那就錯了。一旦天秤座《猴》陷進感情漩渦後，他會待對方很好，而且會想盡辦法去維持自己「感情生活」的品質。當然仍不脫天秤座會要求「兩性公平」的平衡式感情。其實，這樣反而比較能長久維持一份感情，而那種互相關懷的感情，並不是外人所能了解，更不是周圍的人能體會的。

由此看來，天秤座《猴》的感情生活，真的是很穩定而且羨煞旁人的。既然**他的感情生活是呈現在一個對等的狀態，自然而然就是誰都不依賴誰，而是互相之間的彼此扶持**；不會產生把兩人的事，都推給其中一個人，那樣就不好了。天秤座《猴》的感情之路，幾乎如他的事業運勢一般都算是很順利。

天秤座《猴》是個腦筋好、反應快的人，而且在文藝方面的表現很有天分，應該儘量發揮自己的優點，相信一定可以在專業方面獲得成就。由於天秤座《猴》能言善道，因此口才好得不得了，自然是很受人歡迎。另外要提醒的是，天秤座《猴》的「友情」和「愛情」要分清楚喔！

天秤座《雞》
性格與情感

天秤座《雞》的確很好相處，可是他一點都不積極。因為他總是想要過著優雅、平衡，而且帶著美感的生活，因此他不願有什麼「不愉快」的場面。通常大家對天秤座《雞》的感情是採懷疑態度的，總認為他是和每個人都很好的人，其實只是天秤座《雞》愛說話而已，人緣好嘛！並不如同外界所說的「花心」，最起碼他自己知道自己喜歡的、想要的。

在感情世界裡，天秤座《雞》是一個專情的人哦！或許大家不認同，可是這的確是真的。**只要他陷入愛情當中，自然而然就會對戀人呵護備至，照護有加！這就是他感性的一面**。同時，天秤座《雞》也希望把自己在愛情中的喜悅傳播給周圍的好朋友。

通常，天秤座《雞》在藝術的涵養上很不錯。他特別會有美的鑑賞力，應該儘量去發揮這方面的特點，從事與美和設計相關的行業也很合適。

天秤座《雞》的口才不錯，而且他應該是交遊廣闊、人際關係良好的人，那麼，他真的也很適合走有關演說與口語表達的工作，又加上天秤座本身就是追求平衡的個性，不喜歡和人起爭執，希望人生能平平穩穩地度過啊！

天秤座《狗》性格與情感

天秤座《狗》的他，是一位很有「同情心」的人。不過，他也很會挑東撿西的抱怨，雖然他會有點煩人，卻絕對是一位「熱心腸」的好朋友，對於別人總是會有很多的鼓勵。

在感情世界裡，天秤座《狗》可是非常小心的一個人，絕對不會輕易的陷入愛情中。因為他認為這是一輩子的大事，不可以兒戲，就算只是先談感情，也是一樣。尤其天秤座《狗》對傳統的觀念根深蒂固（可能受到生肖狗的影響，所以是很保守傳統的），認為結婚是感情最後的結合。

可是在兩人世界中，天秤座《狗》又很有自己的堅持，並不會隨著對方的腳步走，完全是一項一項照著規矩來，甚至很有自己的想法，這樣有時會讓另一半有點受不了，覺得天秤座《狗》實在太自我了，不懂得一點通融，這樣容易造成溝通困難喔！

在日常生活上，天秤座《狗》也是這麼擁有自我原則，可是只要在他的原則之內，都滿能和大家配合的，只要不犯他的規矩，大家都很好相處。在工作事業上，天秤座《狗》很能憑自己的實力及好人緣，獲得上司的欣賞！

天秤座《狗》是一個很有朋友緣的人。**本來生肖狗就是屬於較為敦厚的個性，對自己身邊的親人朋友就非常好；而天秤座又是個很海派的人，所以這個組合是不太會在日常生活與人起衝突的。**

天秤座《豬》性格與情感

天秤座《豬》的他，在日常生活中很保護自己，更不願別人來試探自己。因此他外表通常給人客客氣氣的感覺，因為天秤座《豬》只想過自己的生活；然而他會幫忙朋友，並不求回報，但是天秤座《豬》不想要別人太了解自己！

在感情生活上，天秤座《豬》很平常心，但如果有了自己喜歡的對象，他可是會讓對方了解自己的想法，甚至會把人生計畫都告訴對方，希望能得到對方支持的。天秤座《豬》會把生活中的喜、怒、哀、樂都讓對方參與，雖然對方有時會覺得很囉嗦，可是仍會把他的話聽進去。

天秤座《豬》是很能築夢的人，是一個等級高的「築夢師」，不論**在感情、婚姻、工作上，都很有自己的理想**。不過，**也很能一步步逐漸實現，並不會好高騖遠**。這是天秤座《豬》的優點：**「不看遠也不看近，專心當下的表現。」**

在對戀人的關心，那是不用說的，大家都知道天秤座《豬》會全心全意，而且他的表達方式是很熱情的哦！可是有個先決條件，那就是對方必須很了解他，為什麼要這樣說？因為，有時候天秤座《豬》的表現會突然的失序，無法控制自己的情緒，這時候就需要一個知心的伴來陪他度過哦！

天秤座《豬》天生就是有幫助大家去抵抗外強、保護弱小的架勢。因此，大家都很喜歡他！其實平常的他不多話，通常是默默努力著。可是由於平衡、優雅的堅持，天秤座《豬》自我要求是很高的，有時也會因為自我要求做不到，而變得焦躁不安；只要讓他緩一緩，很快就可以改善的。

CHAPTER 8
天蠍座

天蠍座的血型鑑定

天蠍座A型

天蠍座A型對於感情是冷靜、理智的，所以不容易有一見鍾情的事情發生，因為他們要找的伴侶是要一輩子共創理想的。天蠍座A型是一種沉穩、內斂的搭配，他在決定一件事的時候，一定是經過慎重的考慮。

天蠍座A型不會匆忙行事，對於工作永遠是再認真不過，所以和上司、同事都相處得很好。對於找另一半，天蠍座A型比較優柔寡斷，因為會想很多，而無法慎重下決定，常因此錯失了良機。天蠍座A型在個人的處世態度上，則是比較內向，**凡事都要經過再三考慮，仔細的計畫之後才會採取行動，因此任何行事都是有周詳計畫的**。

天蠍座A型給人的外在感覺是「難以親近」，不好相處又有點冷漠，再加上稍有一點神經質，那是因為天蠍座A型直覺敏銳力很強的關係。如果能深入了解天蠍座A型而成為好友的話，可能就會成為一輩子的好朋友。因為他們很少與人深入交往，因此一旦成為天蠍座A型的好友，表示他對你不設防，非常信賴你。

在工作上，天蠍座A型是屬於默默努力型的人，認為只要做好份內的事就好，不會汲汲於名利。不過他們認真、負責又專業的態度是很受上司重視的。在經濟方面，天蠍座A型很能安於省吃儉用的日子，認為要有財富才會有安全感。天蠍座A型對於感情，也是慎重、保守型，所以遇到心儀對象的機會不多，要懂得及時把握。

天蠍座B型

天蠍座B型個性多變，絕對討厭朋友欺騙他們（竟然敢惹我！不要命了！），人家對天蠍座B型七分，他一定回報十分！他對工作十分的投入，喜歡在自己的工作場合被人認可。在感情方面，天蠍座B型愛上對方就會全心付出，只要是對方喜歡的，他們會不顧一切去完成，讓他愛上的人開心。

由於天蠍座B型做事太專心一致，常常忽略了周圍同事的感受，反而會引起一些不必要的誤會。但他個性率直，做人又講義氣，因此和朋友之間是相處愉快的，朋友對他們也是完全的信任及依賴；不過，天蠍座B型的情緒，常常會莫名的無法控制，因此他善變的情緒，有時也會讓人捉摸不定。

天蠍座B型因為比較容易受到情緒影響，因此在工作上，如果受到上司不平的待遇，就會有心灰意冷的感覺；如果能受到上司的賞識，天蠍座B型一定會努力工作回報上司對他們的知遇之恩。

天蠍座B型是在天蠍座四個血型中，最不會理財的一型。主要是他們亂花錢的時候，通常是他情緒不佳的時候。因此，只要天蠍座B型能控制住自己的「情緒」，就可以改善很多方面的不良狀況，所以要記住，不要讓他的「情緒垃圾」氾濫。天蠍座B型在感情方面，也是不改其本性，過於率直；**天蠍座B型喜歡的人，就對他們好得不得了，對討厭的人則是不屑一顧。**

天蠍座AB型

腦筋好、反應快是天蠍座AB型的特點。他們不會直接表現出不悅及不喜歡哪些「特定的人」，而是君子之交淡如水的與每個人交往，所以天蠍座AB型知心的朋友不多。

天蠍座AB型外表是看起來很沉穩，做事很俐落，工作的時候是全力以赴；對待朋友及同事也是禮貌有加。不過，想要進到天蠍座AB型的內心世界，就難上加難了。另外**他們的反應力及觀察力也是一流的哦！天蠍座AB型感覺很敏銳，任何事情的動機與發展，可能都會在他們的掌握之中，無所遁形！**因此，有時不免讓人覺得他們有些冷酷而不近人情。

天蠍座AB型很會隱藏自己，這也是他們的特點之一，他能和各種人物交往，但只限於他們深入了解別人，因為天蠍座AB型不願意讓別人了解他。雖然他看起來人緣不錯，但別人卻無法更進一步看透他們，天蠍座AB型認為這世界上「人心險惡」，多一分防範，總比吃虧要好。

天蠍座AB型在工作團體中，是受上司看重的員工，因為頭腦清晰，知道自己要如何一步一步的往上爬，以及如何邁向一個企業團隊的核心。因此天蠍座AB型工作的前途與遠景，一直會是很順遂的。

天蠍座ＡＢ型很有理財概念，而且知道錢要用在該用的地方，而不是隨意花用，因此假以時日，天蠍座ＡＢ型也是會跨身「小財神」的行列喔！但對於感情上的要求，就高了一點，理想與現實永遠都會有一段距離；在感情上，天蠍座ＡＢ型要仔細考慮清楚啊！

天蠍座O型

天蠍座Ｏ型給人的感覺是樂觀、積極及有人緣，但其實他們是有很內向的一面的。因為天蠍座Ｏ型會把真正的心事藏在心裡，就是非常親近的人也不會知道他們真正的心事。**天蠍座Ｏ型對於感情是抱著非常誠懇的心，會對另一半付出他忠誠的心，不過相反的，天蠍座Ｏ型占有欲就過強了。**

天蠍座Ｏ型的人，常常會給人「雙面人」的感覺；一面是陰沉、抑鬱、不為人知的一面，只有獨自一人時，會有自怨自艾的表現；另一面就如同他們表現在外的活潑、親近。天蠍座Ｏ型知道，有些話是該說的說，不該說的就不會說，這就是天蠍座Ｏ型的基本個性，是傳說中的「隱者」；不可以讓別人了解他們的內心世界，更不能讓別人知道天蠍座Ｏ型的祕密。

對於感情他是再專心不過了，不過可能外表給人的感覺不像專情的人，因此對象也是挑了又挑，選了又選才會下決定的。決定了以後，就會很專心一致的對他一輩子照顧。但另一半要小心了，天蠍Ｏ型的占有欲很強的。

天蠍座＋十二生肖完全解密

天蠍座的鼠：個性靈活的鼠
天蠍座的牛：性格固執的牛
天蠍座的虎：興趣廣泛的虎
天蠍座的兔：處世圓滑的兔
天蠍座的龍：善良的龍
天蠍座的蛇：個性拘謹的蛇
天蠍座的馬：熱情奔放的馬
天蠍座的羊：有才華與有智慧的羊
天蠍座的猴：聰明絕頂的猴
天蠍座的雞：聰慧狡黠的雞
天蠍座的狗：善於裝扮的狗
天蠍座的豬：耍小聰明的豬

天蠍座《鼠》
性格與情感

天蠍座《鼠》是一個很有能力的人，這一點不容否認，而且旁邊的人也對他印象不錯。可是他天生就具有神祕的力量和不容忽視的魅力，但他卻有著不喜歡別人來窺視自己的個性。天蠍座《鼠》喜歡保有自己的隱私，這是他生活的原則與重點。

在感情世界中，天蠍座《鼠》很有自己的看法，不會左右不定，更不可能讓對方來牽引自己，但這並不表示天蠍座《鼠》對戀人不好。他在確定自己的感情對象之後，是會表現他熱情的一面，而且天蠍座《鼠》既然認定了另一半，就不會輕易的改變。還有，他也是占有欲很強的人，所以在感情世界中，想要掌控另一半的點點滴滴，這是天蠍座《鼠》改不了的習慣。

在日常生活的相處上，其實天蠍座《鼠》有想控制別人的個性，但在表面上好像看不太出來，因為天蠍座《鼠》很會擅用聰明的頭腦來掩護，似乎對什麼都好，但私下卻會「乾坤大挪移」，一定要把大夥的目標移向他這一方才可以（不用懷疑，他一定做得到！）。

天蠍座《鼠》有很好的天賦，自己一定要多多善加利用，千萬別浪費了。天蠍座本來就是一個很有自我意識的星座，因此行事風格上比較具有獨立意識，很有帶領別人的能力。生肖鼠是個觀察力不錯的人，對每一件人、事、物都能仔細分析。因此，天蠍座《鼠》在工作事業上，得心應手，主要是頭腦好、能力佳，所以天蠍座《鼠》很受人歡迎的哦！

天蠍座《牛》

性格與情感

天蠍座《牛》，光看這個組合就知道「脾氣不好、個性強勢！」，在平常表現上，可能會有得罪人的地方。可是，基本上朋友對他的評價不差的。因為天蠍座《牛》頭腦好、做事勤奮，只不過有些霸道！

天蠍座不論配上哪個生肖，都是在選擇另一半時，會挑選外表較出色的「外貌協會」，這是他在談「感情」時的一項重點，現在又加上了生肖牛比較執著的個性，可想而知，在天蠍座《牛》的感情世界中，是必須要以他為主的。只要把他放在第一位，這段感情就不會有什麼問題。

天蠍座《牛》在與情人相處時，不但風趣、幽默，也很能表現出他的魅力，讓對方很欣賞他。可是碰到天蠍座《牛》不喜歡的，他也不會當場拒絕，只是會讓對方感覺到他冷漠的態度，而不去傷害到對方的自尊。

其實，只要喜歡天蠍座《牛》的人在追求他時，跟他說自己對他印象不錯，基本上天蠍座《牛》就會對對方很好，讓對方感覺到他的體貼溫柔，只是先決條件是這位追求者要是天蠍座《牛》喜歡的，否則對方再怎麼示好都沒有用。

天蠍座《牛》有著天生的好勝心，因此意志力特別的堅強，**不論遇到什麼大風大浪，他都不會害怕，更不會表現出退縮的態度，不管如何，天蠍座《牛》還是會勇往直前**。所以，他成功的機會很大，只是天蠍座《牛》脾氣大、好勝心強，造成他自然很有主見，有時會讓別人無法接受，天蠍座《牛》不妨把身段放低一點，反而會讓自己未來之路比較好走。

天蠍座《虎》 性格與情感

天底下誰也別想管住天蠍座《虎》，除非是他自己心甘情願，否則連「門」都沒有！那麼在感情世界中，天蠍座《虎》是不是也是這麼高姿態呢？當然！只是在剛開始的時候，總會裝模作樣一番（因為才初相識啊！），等過了一段日子，天蠍座《虎》就會漸漸希望對方聽他的，進而會有控制對方的欲望。

可是每個人都是單一個體，怎麼可能天蠍座《虎》說什麼，別人就得怎麼做？因此他應該學著適時與人「溝通」，這樣對他會很有幫助。

跟天蠍座《虎》談戀愛的另一半也別擔心，感情生活並不會很無聊，因為天蠍座《虎》很會製造生活的驚喜！只是對於他的占有欲及控制行為會比較讓人受不了而已。

天蠍座《虎》是個天生的鬥士，不會有他辦不到的事，只要是他想做的，一定能做得很好。天蠍座《虎》的感情也能維繫得不錯，**只是不要用太過於強勢的方式對待對方，多些溫柔、多點溝通，感覺將會變得完全不同**，他會發現更多和諧的事物呈現在眼前。

天蠍座《虎》是一個有點可怕的組合，在他身邊的人，都必須讓他三分，否則他也不會客氣的。基本上，他根本就是想駕馭身邊所有的人，正由於天蠍座《虎》這種天生霸氣，運用在工作事業上，真是不得了啊！很能充分發揮才能哦！

天蠍座《兔》性格與情感

天蠍座《兔》是一個溫文儒雅卻又擁有雙面性格的人，他表面很溫和，可是私下卻很會「算計」！天蠍座《兔》談不上陰險，但他過度使用「控制他人」的能力了。不過，也不得不承認天蠍座《兔》有非常好的頭腦，對於人性的掌握非常透徹。

在感情生活上，天蠍座《兔》也很會掌控，而且控制對方的能力很強。但他對感情上似乎並不是很專一。因為他太容易分心，思考佔據了天蠍座《兔》太多時間。不過，他本來的熱情仍在，對方是能感受到他溫熱的心的哦！

基本上，天蠍座《兔》感情的表現很穩重。所以，他對對方也是很要求的哦！天蠍座《兔》看起來是個很有原則的人，只是要看對方能不能配合他，如果能好好配合的話，天蠍座《兔》會對對方非常好，而且兩人會是大家羨慕的一對。

「成功」對天蠍座《兔》來說，是輕而易舉的事。一方面他的頭腦很好，一方面他有著很謹慎小心的個性，所以目標很容易達成，天蠍座《兔》是一個真正做事的人才！

天蠍座《兔》從表面看來是很溫和的樣子，其實那是一個假象！天蠍座《兔》私下很有自己的想法和做法，只是表面溫和而已。在工作、事業上，他倒是很適合做探討研究的工作。因為天蠍座《兔》是一名「天生偵探」的命格，好好發揮必有成就的！

天蠍座《龍》性格與情感

天蠍座《龍》雖然表面看起來非常冷靜，可是真正的他在私底下，是很有感情的哦！在感情生活上，他很有自己的想法，不要別人干涉，而且認為感情是兩個人的事，應該多多享受兩人世界。不過，天蠍座《龍》太喜歡過著刺激的生活，所以喜愛「平平穩穩」個性的人會比較受不了他。戀情剛開始時，很容易被天蠍座《龍》吸引的，初戀本來就是愈新鮮愈有趣愈好，可是日子長久之後，兩人之間互相要多溝通。相信聰明的天蠍座《龍》會了解其中道理。

其實，談到愛情，天蠍座《龍》會對另一半很溫柔，只是有時候表現得不是很明顯、很特別。但他自己心裡知道誰才是自己的最愛。不過，天蠍座《龍》有沒有想到對方能了解嗎？感情是要不停「溝通」，才能增加「戀愛」的程度，記得對自己心愛的人，不要用太多心機，這樣才會有更好的感情生活。

天蠍座《龍》是很有活力的組合，當他決定要做什麼的時候，沒有不成功的哦！他在舉手投足之間都充滿著魅力，而且天蠍座《龍》頭腦清楚、冷靜到令常人無法想像的地步。

雖然他表現得很保守，但在工作事業上，能力很強，學習得很快。所以天蠍座《龍》的能力總是可以發揮所長。這就是他不同於常人的地方，而且很適合從事管理的工作，因為天蠍座《龍》頭腦是很清楚的。

天蠍座《蛇》性格與情感

天蠍座《蛇》的外表，始終給人很「冷靜」的態度，那是因為他不願意自己的內心祕密讓別人看透。這就是生肖蛇的「冷」加上天蠍座的神祕，綜合出來天蠍座《蛇》的外在表現。

在感情之路上，天蠍座《蛇》是很有魅力的哦！他就是那種「冷冷」的氣質，反而成了很吸引人的特色。不過，真正的天蠍座《蛇》在面對感情時，卻不是那麼的大方，反而是很小心去等待，去取決，他會考慮的條件真的是很多很多，天蠍座《蛇》最重視的從「戀情開始時，到底兩個人能不能在個性上配合？」、「我們兩個人在外表上能不能互相匹配？」他都會考慮。

不過，天蠍座《蛇》喜歡某一個人的時候，他又好像不太會表示出來，那麼對方就不見得能了解他在想什麼，天蠍座《蛇》應該放開一點，說不定對方也在等你開口。

在兩人的感情世界時，天蠍座《蛇》能在確定後，變得非常柔情，非常關心對方，也絕對不花心。基本上，天蠍座《蛇》是一個非常值得依賴的好伴侶。只不過「人非聖賢」，天蠍座《蛇》總有缺點，像他就比較會去防人，也可能會去猜測對方行為及口語上的動機，天蠍座《蛇》應該控制一下自己的情緒，多在另一半面前表達自己的熱情，保持兩個人的「愛情恆溫」。

天蠍座《蛇》有極度保護自己的個性，在眾人前面，他永遠是沉默不語的那一個，可是**天蠍座《蛇》有一雙非常銳利的鷹眼和聰明的腦袋，只是他很沉穩，能忍住而不表現出來**。他實在是腦筋用得太多、想太多了，但是用在工作上的心力倒是不多。天蠍座《蛇》一定要多多加強積極的個性才可以，這樣才有工作的成就、才會有更好的未來。

天蠍座《馬》
性格與情感

天蠍座《馬》對感情比較重視，認為愛情是維繫兩人之間長久相處的重點，天蠍座《馬》會懂得如何運用「感情」。由此可以看出，他必定會對對方很好。而且他在異性的眼中，是非常有魅力的，天蠍座《馬》很能掌握自己的特質，因此總是不斷有很多機會。

天蠍座《馬》在談愛情和論及婚姻時，是完全不同的表現哦！**在談戀愛時，他非常熱烈，常常會有不同的變化，讓感情停留在多變又富有趣味的境地**。所以兩人都能充分從這段感情去得到自己的需要，天蠍座《馬》也能滿足於這份喜悅所帶來的歡樂氣氛。天蠍座《馬》在論及婚嫁時，自然是會很仔細慎重的思考，只是一旦決定之後，突然會覺得自己好像任重道遠，說起話來往往變得很成熟。這就是他的人生關鍵轉變。

其實，天蠍座《馬》算得上是一個很不錯的對象，只是必須是他喜歡的人，否則無法體會他那充分的溫柔。天蠍座《馬》是非常有行動力的組合，決定的事情，很快就會去做，絕不會在那裡想東想西，只是有時候，又覺得天蠍座《馬》決定事情過於草率了點。他應該要謹慎一點，如此才能增加成功的機會。還有，天蠍座《馬》在做人處世方面，不要老是把話悶在心裡，有事就要說出來，相信跟別人會有更好的溝通效果。

天蠍座《羊》 性格與情感

天蠍座《羊》的自信心極強，在各方面的能力都很不錯，是個很有自己看法的人，不要看天蠍座《羊》外表好像很弱勢的樣子，其實他個性可是很強的哦！在感情之路上，天蠍座《羊》不希望生活上完全依賴對方，反而很希望一個能幹的另一半，這樣對天蠍座《羊》不論在工作、事業、生活上才有幫助。他認為人生又不只有感情生活，還有太多太多的事情要做呢！天蠍座《羊》是很現實派的想法。

雖然說天蠍座《羊》是個比較重視實際的人，可是他也是極富魅力的一個人。天蠍座《羊》在不知不覺中，就能吸引別人，這可能是他沒有想到的地方。雖說天蠍座《羊》是個富有魅力的人，可是他的生活重心卻很實際，而**不是把感情放在生活的重心，是個重視「物質」生活的人**。

有時雖然會讓人覺得太過於現實，可是這也有好處，那表示**天蠍座《羊》絕對是個認真負責任的人**！畢竟世界上沒有十全十美的事啊！幸福、美滿、生活不虞匱乏是天蠍座《羊》認為最重要的事情，其他的就無所謂囉！

天蠍座《猴》
性格與情感

天蠍座《猴》是很聰明伶俐的，雖然大家從外表上看不出來，因為天蠍座《猴》的掩飾工夫非常厲害，可千萬不要就此被騙了！真正的天蠍座《猴》一位思慮細密的人。

在感情世界中，天蠍座《猴》有著熱情活力，可是他卻又會將感情深藏在內心，比較不善於表現於外，而且他的防人之心很重，在天蠍座《猴》的心防沒有打開之前，是比較難真正接受一段感情的。不過，每個人總會有機會碰到自己心儀的人吧！當天蠍座《猴》卸下心防的時候，可是能讓另一半感受到他很熱情的一面，天蠍座《猴》應該儘量表達他的情意才對。

其實，天蠍座《猴》對感情是屬於保守型，總是希望能有一份安定、穩固的感情，也希望能在兩人世界得到對方的信賴及讚美，再加上天蠍座《猴》又是個很希望保有自己祕密的人，當然也希望自己的「感情世界」只屬於兩人。對於日常生活，天蠍座《猴》不論是感情、工作都很會安排。不過，有一點要特別注意，千萬別太過於以「自我」為中心，要多替別人著想點比較好。

天蠍座《猴》的心思很細膩，而且想很多，這來自於天蠍座的天性，也許就是因為他想得多，反而造成他有點退縮的感覺。其實，**天蠍座《猴》是想得太多了，以他的頭腦及智慧，可以應付很多不同的難題及場面，他應該拿出魄力，讓大家瞧一瞧他的厲害！**

天蠍座《雞》
性格與情感

有很多人在面對挫折與困難時，是選擇逃避不去面對，可是天蠍座《雞》既有勇氣又有毅力，不會逃避反而是積極面對，這是他的優點。由此可以知道他是一個很能「自我克制」和「壯絕奮鬥」的人。天蠍座《雞》進入感情世界，就擁有提得起又放得下的個性，本來天蠍座就是愛恨分明的，再加上生肖雞的積極，形成了天蠍座《雞》對感情很有勇氣和毅力的表現。

天蠍座《雞》的熱情表現，當然也希望能引起另一半的注意及回應，而且在感情世界中，他的要求很高，高到幾近完美的地步，天蠍座《雞》這種要求，真的不是每個人都能達到的！當然，他會要求對方，天蠍座《雞》對自己的要求也是很高。因此，被他認可的**對方一定能得到他的柔情與體貼，甚至是熱烈熾愛的表現，每一次的示愛，都是另一半永生難忘的回憶**。

不過，天蠍座《雞》絕對不是一個把「感情」放在生活第一位的人。因為他是個比較重視實際生活的，他總是把「現實」放在第一位，再來慢慢享受「感情生活」。

大家對天蠍座《雞》的評語，都是不錯的哦！因為從表面看來，他是很安靜的，而且很少會搶著出風頭或是要別人特別注意他，但是真正的天蠍座《雞》是這種個性嗎？當然不是囉！天蠍座《雞》不但頭腦清楚，而且他的口才厲害得很。不過，只要不犯他，基本上他也不會用厲害的武器對付任何人！

天蠍座《狗》性格與情感

生肖狗有很忠誠善良的個性，又加上天蠍座比較會計較，似乎讓人感受天蠍座《狗》具有雙面的人格。不過，天蠍座《狗》也的確如此，他常會在批評別人的時候，又好像產生憐憫之心，這就是怪怪的他囉！

在感情生活上，天蠍座《狗》當然很重視愛戀的熱度，他會讓對方很感動，因為天蠍座本來就是很會表達熱情的星座，能讓對方從中感受他的心意；而生肖狗的感情是忠厚、純善、樸實的，和天蠍座《狗》在一起會很有感情上的安全感。因此，天蠍座《狗》的感情會給戀人很獨立卻又不黏膩的感覺，而且也能從愛情中去尋找對天蠍座《狗》有幫助的一面。

大家都說天蠍座《狗》挑剔又很囉唆。其實，天蠍座不論配上哪個生肖，都是屬於要求完美的個性，比起處女座那種完美懇求，天蠍座《狗》實在是有過之而無不及的。

不過，通常天蠍座《狗》在感情世界中，是很受另一半肯定的。因為，**天蠍座《狗》一方面自我要求甚嚴，另一方面在和戀人相處時，很會為另一半著想**，對於「愛情」，天蠍座《狗》他可是要就要，不要就算了，一點都不會「死纏爛打」。因為他認為感情是沒必要強求。

天蠍座和《狗》綜合起來，是很實際又努力的，對於自己的前途一定要掌握在自己手中，天蠍座《狗》會積極向前、努力不懈的。他的認真也是大家有目共睹的，通常在他做每一件事情之前，都一定會詳細做好一番計畫。當然有可能會遇到挫折，不過他一定能克服的哦！

天蠍座《豬》性格與情感

天蠍座《豬》是一個外在給人感覺很不錯的組合，在天蠍座的所有生肖中，他是最讓人喜歡，而且舉手投足也充滿魅力的人。

在感情世界中，天蠍座《豬》的條件不錯，自然有著吸引人的很多特質，只是天蠍座《豬》仍舊下意識的以「自我」為中心，這是天蠍座《豬》的個性，是無法改變的啦！

但不能否認，他會對另一半很好，還有很能讓人依靠的感覺，可能是因為**天蠍座《豬》真的很能幹，很少會被困難所擊倒，凡事都有自己的想法，而不是雜亂無章，天蠍座《豬》不怕去接受接踵而來的各種挑戰**。

可是對感情，天蠍座《豬》是「占有欲強」的，本來對感情的思維，天蠍座《豬》就是希望能完全的擁有對方，因此他會要求完完全全的掌控對方，這樣他才能放心。不過，天蠍座《豬》這樣是會讓對方受不了的，完全無法接受！天蠍座《豬》怎麼會這麼的「霸道」呢？讓他的戀人連一點自我都沒有。

其實，這就是天蠍座《豬》對愛所呈現的一種表現，沒辦法，連天蠍座《豬》自己都無法克制。不過，就算是這樣，他仍舊是很迷人的，這也是天蠍座《豬》吸引人的地方，那麼他就多多利用這個優勢吧！在感情生活上，將會有滿意的成果。

天蠍座《豬》是個很有耐性的組合，不會為了要達到自己的目標，而積極努力去用「高速運轉」以求達成，他反而會在過程中想要把事情做得完美。天蠍座《豬》常常會把心事都放在心裡不說出來，但這樣悶久了，可是會悶出病來的，天蠍座《豬》應該要多把心裡的話拿出來跟知心朋友訴說，以紓解自己的壓力。

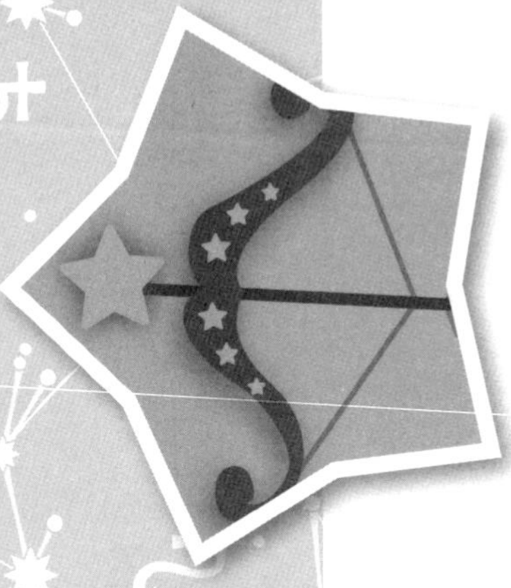

CHAPTER 9
射手座

射手座的血型鑑定

射手座A型

變化快速、自由不受拘束的個性，是射手座A型的特色。喜歡用自己的步調，走自己想要的人生，有時候卻很心急，傾向於馬上就要找到生命中的答案，而出現一些急切的行為，就算最後找到的是平凡普通的結果，也讓別人偷偷發現射手座A型的小祕密。

像小文青般的學習與閱讀，射手座A型要求自己成為博學多聞的知識家，是大家的智慧大寶庫，除了學習之外，也愛拚命遊玩，而且射手座A型還會自我要求在旅行途中，得到對自己生命的探索，找出旅行的意義。**射手座A型因為對自己的要求很高，興趣、遊戲、工作都能做到達人級的超級專業標準，是神人級的高手。**

射手座A型人緣好是因為對人開放的接受度、與整天笑咪咪的樂觀態度，擁有敏銳的直覺，可以隨時判斷朋友身上散發的心情，能用鼓勵和幽默的方式讓朋友開心或對一件事情釋懷，射手座A型是大家摯友級的好夥伴！

射手座A型一旦遇到靈性相通的工作，就能把工作當成「我的最愛」，變成老闆眼中的「即戰力」，迅速敏捷、瞬間熟練，成為公司的關鍵人物！

射手座A型遇到對的人，愛情會迅速升溫；射手座A型的伴侶，心臟可是會中了好幾把箭，兩人非得像夏日烈陽，談一場熱烈的戀情不可，愛情溫度小降一些些，就會變成「精神層次」大考驗，非要另一半除了外表之外，身心靈都要呈現整合完畢的「完全體」不可！射手座A型希望找一個能長久相處的好對象，因此非得慎重小心去找尋另一半不可。

射手座B型

射手座B型脾氣溫和、心地善良，就怕遇到愛找人吵架與口角衝突的人。他有高超的能力，能穩定地操縱身邊的氣氛，讓自己身處的環境安靜平和，如果情況控制不住，射手座B型又能慢慢地偷偷溜走，是不愛刺激的「和平主義者」，風平浪靜、人生靜好、平凡浪漫，是射手座B型心中嚮往的「迷你天堂」。

潛意識裡，射手座B型最害怕突然出現「迫切的危機」，怕自己會受到打擊，打斷自己已經規畫好的人生旅程。射手座B型總會準備好A、B、C、D一堆備用計畫，來熬過這些可能完全不存在的危險，是能撐過迷你級「世界末日」的高手。

只是射手座B型一直追求一帆風順，如果因此讓生活太單調、太空虛就不好了，射手座B型要學會掌握精神的平衡與小嗜好、興趣，來豐富那平凡的「小日子」。

射手座B型的朋友群，幾乎都是小學、中學、高中、大學的好朋友，超過這個範圍，就只能彼此泛泛的點頭之交囉！**在「純真年代」募集來的好友們，讓射手座B型被朋友們包圍時，感到充滿安全感的幸福，都會變成一生的手帕交，或終身相挺的義氣一族。**

雖然待在刻板或單調的工作裡，或是公司一個小小的位置可以讓射手座B型感到安心，但還是要跳出自己缺乏彈性、行動太乾脆的舒適安全線，用自己最有才氣的能力來緊握可以成功的機會，若不小心抹煞了自己的才氣，就太可惜了。

因為天生就有吸引別人、受人歡迎的氣質，所以很容易被異性欣賞，進而嘗試要和射手座B型互動交往。因為性格善良，可能會太在意追求者或意中人的感受，反而製造不必要的壓力給自己。只要能掌握「愛就愛，不愛就不愛」的清楚界線，不要隨便妥協，就能得到讓人欣羨不已的好戀情、好家庭。

射手座AB型

集合充滿好奇心、樂天派、不怕沮喪失敗於一身的自由高手，行動迅速如疾風般，有一個能靈活運算的聰明腦袋，總能幫大家找到新的思維，但是充滿好奇心，代表了射手座AB型會突然對一直專注的興趣，頓時失去探究的持續力。這樣的結果，造成總是讓自己處於很忙碌的狀況，一直去追求變化萬千的未來人生。

在充滿高尚典雅的外表下，射手座ＡＢ型是大家欣羨的對象，也會造成喜歡他的人，很喜歡他；不喜歡他的人，就不喜歡他，而且常常會緊張的個性，有時候會讓身邊的人也跟著不安起來，而遭受到批評；另外，在很強的行動力下，在面對困難時，不會一成不變去硬碰硬，而是理智慎重、仔細把艱難險阻克服掉。

品德高尚、個性寬容的射手座ＡＢ型，是個可以真心交往且值得信賴的好朋友，對待朋友既坦白又直率，也很懂得如何去包容別人，就算是一時發生爭執，產生不高興的心情，也會像午後的雷陣雨，一下子就煙消雲散了；也會用幽默感來讓大家開心，就算他有時候對朋友忽冷忽熱的，也只是他性情不穩定的結果。積極又獨立的他，只要給他時間，很快就會平復過來，等等他囉！

積極獨立，總是充飽電力的射手座ＡＢ型，最討厭被重複型的工作綁得牢牢的，一有機會，他就會逃到可以讓他大展身手的自由世界，喜歡獨立自主又不怕風險的工作位置上，把強大的行動力與行如流水的智慧，充分發揮出來，因為**射手座ＡＢ型是個「好奇寶寶」，對什麼都有興趣的射手座ＡＢ型，可以同時對多個目標進行專案處理，在職場中，就像可以一次開好幾個視窗的高手，變成財源滾滾的「職場達人」**。

射手座ＡＢ型把對人事物忽冷忽熱的態度，往往不小心也帶到他的感情世界裡，一下子就熱情如火，深深地愛著對方，不知道為什麼，到了一個臨界點，愛情的熱度就開始慢慢降溫，讓人不知所措，但是因為性格坦率，每一次付出都是真誠的愛意，也許不當情人，當個好朋友也很好。

射手座O型

射手座O型性情開放又樂觀，不會被瑣事束縛住，總是有一種讓別人感到「涼風徐徐」的魅力，生下來就崇尚自由，不想要被討人厭的規則與常理鎖住，感覺靈敏過人，思考後才會行動，射手座O型行動前，會先設定好正確的目標與未來，不被原來的生活限制，但要小心不要掌握到目標之後，反而慢慢失去熱情。

自由如他，不想要配合別人的步調，也不會對討厭的人說些好聽的話，不夠圓滑，是射手座O型在融入團體時的死穴。但是正義感十足、老實是天性，總是能夠散發活力去坦誠以待身邊對他好的人。

碰到陌生人，射手座O型也不會膽怯與退縮，所以他有各式各樣的朋友，會隨著生活圈而慢慢擴大，這些身邊的好友，都會在人生路上提供幫助，讓射手座O型更上層樓，因此朋友運超級強大。但是要控制過於坦率的態度，以免傷害到身邊的人，練習同理心的建設性對談，全心協助身邊的人，讓朋友運得天獨厚的射手座O型，可以多幫助別人也幫助自己。

射手座O型最常出現一見鍾情的戀愛，在伴侶面前大方也自由自在，能誠實面對自己的戀情。如果遇到心目中的「目標」，一定會萌生愛意，不在意世俗的眼光，**射手座O型這種太重視自己的戀愛方式，也許會太過頭，反而會嚇到愛慕的對象，最好用細膩的模式、頑皮的純真，來找尋生命中值得陪伴的人生伴侶。**

射手座+十二生肖完全解密

射手座的鼠：想賭一把的靈巧鼠

射手座的牛：錢與權都要入手的牛魔王

射手座的虎：帶著童心的冒險虎

射手座的兔：自律自愛的小白兔

射手座的龍：自豪善良的龍騎士

射手座的蛇：一字長蛇陣的操控者

射手座的馬：能挑大樑的負重馬

射手座的羊：充滿毅力，越跑越遠的慢跑羊

射手座的猴：充滿新奇幻想的魔法猴

射手座的雞：百戰百勝的戰鬥雞

射手座的狗：好勝無敵的偵搜狗

射手座的豬：謹慎又滿肚子疑惑的好奇豬

射手座《鼠》
性格與情感

射手座《鼠》的性格多變、聰明、靈巧、活躍，又是一個超級樂天派，在愛情的路上，他都是屬於心胸開放的，所以當他要表達出愛慕之情的時候，並不會感到不好意思！射手座《鼠》喜歡在有些俏皮冒險的生活中，有戀人的深情陪伴。

他的活潑與活力，讓射手座《鼠》總是急急忙忙的投入各式各樣的事物，要叫這個過動兒安靜下來，必須讓他能自然地表現自己，才能給身邊的人溫柔的能量。射手座《鼠》要把握住機會，去參加有興趣的團體，就可以在有相同喜好的朋友中，找到歸屬感，說不定他的戀人就在裡面呢！

射手座《鼠》縝密的思緒和精準的行動能力，使他可以善用適當的機會，看出身邊的人事物所具有的利用價值。對於愛情來說，他這種機智迅速的能力，在遇到值得追求的對象時，能像古代名商白圭一樣，「趨時若猛獸摯鳥之發」，咻的一聲，最好的戀人就被射手座《鼠》抓到跑都跑不掉囉！

他總是能保持冷靜，射手座《鼠》在愛情中，是個追求完美的理想主義者。因為對平凡社會的不信任，射手座《鼠》會跳脫平平淡淡、那種泛泛不深入的異性關係。**必須要是「天菜型」的戀人出現，射手座《鼠》才會被深深吸引，就算要自己置身於風險與可能失敗的追逐中，也在所不惜！**

所以，射手座《鼠》對平凡的男女看不上眼，也因為這一點的堅持，讓他很難找到適合共度一生的伴侶。

射手座《牛》性格與情感

因為射手座《牛》的自尊心很強、榮譽感很重，所以時常帶著幽默感，向朋友炫耀他的戀人是多麼出眾不凡！因為討厭別人在背後指指點點，說三道四，所以對於「不能說的祕密」這種型式的愛情，射手座《牛》完全不能接受，最討厭那種一公開就會見光死的苦戀。

牛頭人總是能擁有高貴理想和高昂熱忱，在生活中總是會闖出一片天，再加上了射手座的加持，射手座《牛》就變成一個能領導戰鬥團隊的高手，**無論是熱情加持、穩定軍心，帶著大家勇敢的向前衝鋒，3000騎兵擊破50000大軍，在職場他就是這個寫照。**

射手座《牛》喜歡關心別人，不論是男的朋友或是女的朋友，射手座《牛》都願意待在他們身旁，當個「情緒垃圾桶」、「開心啦啦隊」，嘗試去撫平他們的傷痛，他甚至心疼在「無限迴圈」中受苦的世人，射手座《牛》在路上買買口香糖，買些幾乎不會用到的生活物品，投個幾塊錢給流浪漢，不吝在社會上展現他的善良，幫助需要幫助的人。

這些行為卻會他招來好桃花，因為他愛心的真性情，欣賞者變成真愛的機率相當高，而常會出現在他的生活中，找機會跟射手座《牛》講講話，看看會不會也得到他善良溫柔的對待？

射手座《牛》通常都會開開心心地步上紅毯。他在情感上，一向都是忠實的使徒，雖然他對於控制人心和擁有特權有不可言喻的需求。射手座《牛》喜歡誇耀自己對愛人的深情，只是對戀人來說，其實已經超過他們真正的感受，有些與事實不符。

愛上射手座《牛》的人，總是為了他的充沛活力、激情熱愛與溫柔而離不開他，情人並不會要求什麼特別的回報，專情的射手座《牛》很難失去深愛他的戀人。

射手座《虎》

性格與情感

射手座《虎》是一個對自己實力深具自信心，戰力破表的人，最愛爭取光榮的名譽與卓越的地位，為了這些名譽和地位，他願意全力以赴，犧牲一切。因此，像射手座《虎》這樣的冒險家，對於情人跟不上腳步或是不值得信任之類的，他對戀人的愛情馬上就會降到「絕對零度」囉！

射手座《虎》很樂觀，但是有時太過樂觀的態度與迷人的孩子氣，會讓別人覺得他不太可靠喔！在團體中，可以把自己的每一面都掌握得很好，因為需要常常跟別人交流，不然他會覺得自己快要變成即將凋謝的花兒，但不要只肯跟熟的朋友在一起，多爭取與別人在一起的機會，畢竟認識的人越多，心上人可能就越容易遇到喔！

射手座《虎》喜歡「追蹤」自己有興趣的人事物，所以是個超級敏銳的「偵搜大隊長」。他為了觀察別人，喜歡跑去參加各式各樣的派對、聚會，還有社團活動，同時盯著好幾個人，對他們同時做「人格分析」與「意圖分析」——這是射手座《虎》的偷偷嗜好；他連某個場域的氣氛變化都能掌握到，幾乎可說是一個掌握神奇幻術的「結界師」，在射手座《虎》畫好的「結界」裡，他就是主宰者。

所以**當射手座《虎》對某個異性產生愛慕的感覺時，一定會探探底細，先把這個對象的資訊蒐集好、分析好，了解這個這是個什麼樣的人之後，才會進行下一步動作。**但在愛情方面，這樣一點都不浪漫啊！因此射手座《虎》要學會放下，接受別人是有缺陷的，不要去挑剔那些無傷大雅的小問題。

魅力的老虎和慷慨的射手座，交融在一起是很迷人的，射手座《虎》渴求伴侶的愛情保證書和情感宣言，如果能遇到一個這樣的戀人，對他來說再平凡也能看見最美的幸福。

射手座《兔》性格與情感

在愛人的面前，射手座《兔》溫柔體貼，包容戀人的一切，可是在朋友和別人面前，他卻是一個缺少人情味，獨善其身，不相信別人，自顧自的追求個人目標的人，射手座《兔》只要能調整這個個性上的小瑕疵，一定會獲得更多的關愛喔！

滿滿正義感的射手座《兔》，他知道要追求生命中的實際目標，比財富名譽還重要，所以他擁有很強的自我覺察，又愛冒險又愛自由，只要是不對的人事，射手座《兔》都會站出來對抗，不管是任何形式。**射手座《兔》不是主動挑釁，他是不畏強權的壓迫，比誰都先站出來挑戰不正確的觀**

念，不願意當個「無知順民」是射手座《兔》的天性。

自由卻有些魯莽的射手座《兔》，讓大家覺得他很愛冒險，貫徹任務時，又常常弄得像天翻地覆一樣，給旁邊的朋友製造出一些小麻煩，這些狀況通常也會表現在射手座《兔》的感情生活中，因為他需要異性的崇拜，所以表現欲望非常強，這樣會招來各式各樣的桃花，而讓射手座《兔》陷入盤根錯結、糾結不斷的情感關係中。

射手座《兔》需要被愛人尊崇的對待、微風般的撫慰及愛心。他不是不忠誠於自己的愛人，只是愛管閒事，跑來跑去忘了回家，如果愛上了射手座《兔》，只要知道這個戀人需要很多人的關愛，不要為了這些嫉妒，破壞了自己在射手座《兔》中的良好形象，射手座《兔》真的需要有人把他從眾多的仰慕者中，乖乖抓回家。

射手座《龍》
性格與情感

射手座《龍》心中總是不斷渴望工作升遷與財富累積，其實是他內在的自我要求過了頭，想證明自己有實力去完成某件事。所以射手座《龍》必須在比較大的團體裡發揮影響力，以使自己的要求可以付諸實踐。因為在這些團體中，射手座《龍》可以和某些智者討論與協商，讓自己不要過於激進或保守，能達到生命狀態的「最優化」模式。

在身旁人的眼中，射手座《龍》是一個非常有主見的人，只要他想得到什麼，就一定會全力以赴，就算是要經過漫長的等待，他也是悠閒的期待成果的降臨，看起來就是一個頑皮的孩子。

射手座《龍》心目中，只有出現一個跟他一樣也喜歡追求「自我實現」的「馬斯洛女孩」，他才會動心，其他的六宮粉黛通通變成隱形人！射手座《龍》的戀人一定要對自己的思想很有主見，也能跟他的人生未來目標發生共鳴。在這裡，只有一個成語可以形容你們：「琴瑟和鳴」！

射手座《龍》很懂得照顧身邊的朋友和親人，是個根本沒有要求回報的大好人！坦白大方的個性和廣博寬大的心胸，讓射手座《龍》在親朋好友之間大受好評。身為「龍騎士」的他，令眾人崇拜卻又溫和地對待別人。無所畏懼的射手座《龍》，充滿了吸引人的魅力，在成功之道上，他不疾不徐朝目標慢慢推進；寬厚待人的射手座《龍》在享受冒險的過程中，總是能吸引異性的目光，戀人也會想與射手座《龍》來一場史詩般的浪漫愛情。

當愛情來臨時，射手座《龍》是個真誠的親密愛人，相當吸引著他的另一半；射手座《龍》同時也會要求另一半不只要有吸引力，還要一位能真正在生活、事業、生命中，互信互愛的侶伴，射手座《龍》要的是愛情品質，而且不隨便妥協。

射手座《蛇》
性格與情感

迅速是射手座《蛇》最大的特徵，不管是言語還是行動都是一樣，而且是個認真不懶惰的「暖心份子」，往往以安靜的方式，做出需要很長時間、很大耐心的才能完成的宏偉工程，射手座

《蛇》總是能隱密且不慌不忙地處理事情，所以我們看不出他讓人驚艷的工作效率。俏皮的射手座《蛇》，最喜歡在完成驚人的成果之後，大家把他當作「神」來看……

「風險控管」是射手座《蛇》的人生目標，他們並不是膽怯，射手座《蛇》要「冒險」、不要「風險」，他能清楚分別這兩者的不同，所以在生活中，射手座《蛇》不多管閒事，不對不懂的事多加評斷或介入其中。好奇心對他們來說，不是拿來這樣用的。日常生活中，射手座《蛇》渴望風平浪靜地享受舒適的人生。

射手座《蛇》遇到既定目標，一定一路向前，去處理與面對問題，若遇到前有險阻時，他絕對不會扭扭捏捏，而是用乾淨俐落的天賦能力，一騎破千軍，把所有事情都處理得妥妥當當。因為這樣，射手座《蛇》一定有個意識到他迷人那一面的人，正在等待最好的時機來向他表達仰慕之情。

射手座《蛇》不是對外界的事物不感興趣，而是他們天性多慮。也因為這樣，能不能有長期穩定、素質又高的深度交往對象，才是射手座《蛇》在意的。射手座《蛇》和愛侶要經過類似冬眠一樣久的「纏綿悱惻」，等到雙方對愛情的認定一致，需要長時間的磨合和嚴謹的共處。所以射手座《蛇》不太可能太早結婚，甚至會有一生不娶不嫁的射手座《蛇》。但如果認定了對方，他會是絕對的忠心，成為一個不會製造風險的優質老公（老婆）。

射手座《馬》性格與情感

射手座《馬》喜歡獵取知識，智慧的廣博度堪稱一絕，對社會的禮儀又十分熟習，知識豐富的他也多了些優雅的神態，甚至因此晉身到文化圈的貴族階級。不過射手座《馬》本來就喜歡活在與「一般人」不一樣的生活裡，享受著不一樣的氛圍。

在愛情面前，**射手座《馬》會偷偷地把天生的野性藏在心裡深處，喜歡找一個跟自己完全不同又溫柔體貼的人在一起，因為他偶爾會一個人躲在自己的孤單世界裡，像一個害怕受挫的小娃娃。**因為射手座《馬》對人又親切、工作也勤勞，有時卻又冷酷起來，像冷鋒來臨的大地，或是像骨頭散了一樣，所以射手座《馬》的愛侶一定要懂得柔順的梳理他的馬鬃。

射手座《馬》在愛情上，年輕時的戀情會犯些小錯誤，因為他太過熱情的結果，而談了些傷人的、被人傷或互相傷害的愛情。但是隨著年齡和見識的增長，射手座《馬》開始學會「控制」自己的感情，漸漸地讓自己變成一個能將情緒收放自如的「陪伴者」，讓一切的愛情都從一點一滴的「陪伴」開始，甜甜的，剛剛好的，先學會一起走，再想想要不要牽手。

射手座《馬》會慢慢尋找適合的情人來一起過生活。射手馬不想要一個乖乖牌，不要一個言聽計從的小木偶。戀人需要的是一個可以一起手牽手，把一家老小、前後事物，都可以安排妥妥貼貼的好幫手，讓兩個人都在外面忙碌回家之後，彼此相視一笑就好，不用多說，這是射手座《馬》不希望被人打擾的個性，會討厭嗎？沒關係，射手座《馬》在愛情升溫初期就會溫柔的把話先說明白的。

射手座《羊》性格與情感

滿懷抱負、充滿理想的射手座《羊》，又有善良的本性，本來就不容易得罪別人，頭腦轉得很快，重視道義、遵守規矩是射手座《羊》的人生教條，所以這些人生原則，也是他對感情的要求與抉擇，**只要他的戀人懂得適時體貼的關懷他，在射手座《羊》心情不好，想「討拍拍」時，馬上拿出溫柔的手，拂去他心中的灰塵，就會立馬讓他重新元氣滿滿，再次產生強大的自信繼續走下去。**

射手座《羊》對於要建立一個新的情感關係，是會小心翼翼、步步謹慎，一定要確定能夠有足夠的安全感，才會接受這段新的戀情。缺乏安全感的射手座《羊》往往焦躁不安，擔心被任何人看輕，或是被踩在腳下。如果不能一次照顧兩個人，射手座《羊》在不願被看輕的狀況下，不會輕易接受與愛人過苦日子的選擇。在情感生活中，射手座《羊》有種牢不可破的堅持與真誠。

射手座《羊》雖然有多元創造的能力，也具備足夠的進取心，但是這隻「領頭羊」在認為沒有安全感的狀況下，才不會傻到要走出危險的第一步，成為被大家嘲笑的「替罪羊」。所以思緒清晰的射手座《羊》，只有在覺得安全的環境下，才會決定與另一半安定下來，如果是沒有儲蓄、收入不足、工作不順、家庭關係不佳，在戀人面前沒有解決這些麻煩事之前，射手座《羊》是不願讓自己的摯愛跟著一起吃苦的。

對射手座《羊》而言，最主要的人生目標，就是要讓家人的生活安逸、無憂無慮。如果愛上射手座《羊》，必須感謝他為了建立這段穩定關係所做的各種努力。

射手座《猴》性格與情感

射手座《猴》天生具有一定的思維組織，又喜愛自由，遇到問題時，總能直接深入核心。真誠的性格，讓他純真又熱心，但是射手座《猴》也有狡猾的一面，在別人面前，小心翼翼讓自己不要擋住了別人的鋒頭，除非會贏，不然在「大敵當前」時，射手座《猴》會靜悄悄地迂迴繞過。

因此射手座《猴》是一個很機靈的Leader，有滿懷的熱誠與充分的力量去推動別人做不到的事業，也擁有利用有趣的「狡詐門道」來幫助大家一起建功立業的能力。**射手座《猴》的掌管能力，一點都不含糊，管事情、做決策、指揮人、革新及創造性思維都難不倒他。**

但是因為射手座《猴》性情誠摯，對自己的理念也有準確認知，所以能吸引到很多人來信服他的理念，同時為他的理念一齊努力，並且射手座《猴》也會與大家分享勝利的果實。

射手座《猴》在工作與遊玩的分寸，總是能拿捏得恰到好處，對環境有很強的適應力，能做事又有時間概念，是大家欣羨的對象。但是在感情的路上，有時害怕跟對方靠得太近。因為太親密的「黏著感」是他的最怕，看起來，射手座《猴》是不擅長談愛情的人！其實他只是需要能保持安全的距離，可進可退，並且來來回回與理想情人跳個小步舞曲。

射手座《猴》非常容易吸引到別人的目光，所以他也是個明顯的愛情目標。但在兩個人的感情關係中，常常會窘迫不自在，因為射手座《猴》不肯輕易付出感情，每次到了重要關頭就想偷溜，射手座《猴》在正式交往之前或結婚前夕，都會感到猶豫不決，讓愛他的人大感吃不消。

射手座《雞》
性格與情感

射手座《雞》總在想，怎麼會有一個擁有如此高超社交技巧的人呢？原來那就是鏡子裡的他啦！大方開朗的暖陽照耀著身邊的人，讓大家都能感受到幸福的溫度，射手座《雞》還能用很有技巧的方法說服他人，願意跟隨他擬訂的方向，讓他們接受充滿創造性思維的意見。在愛情的路上，射手座《雞》會因為勇氣十足而找到像「愛神」一樣存在的人生伴侶。

射手座《雞》的坦白誠實、誠懇而容易感動別人，都是他的熱情來源。風度很好，但不會委曲求全，遇到無禮的挑釁者時，在對抗與反擊的過程，可以看到射手座《雞》毫不畏懼的戰士風範。

射手座《雞》最關心的是自己的家人與身邊的朋友。無論現在自己過得是好是壞，都不會輕易拋開對家人與朋友的責任感，是一個責任感很重的人，所以射手座《雞》投身於自己的信念與理想，常常是熱情十足、奮不顧身，如果一起參與這些合作計畫的其他人，不認真、不誠實，射手座《雞》除了變成「憤怒鳥」之外，還會為了之前的付出感到不值得，而被這種理想幻滅的感覺傷害到。

在愛情方面，射手座《雞》並不是總能幸運的遇到好對象，因為對伴侶的條件要求大多，不然就是像宅男宅女一樣過於退縮。因此射手座《雞》常被困在自己以為的「典型伴侶」框框中，卻又知道這是不一定會實現的事！對比較沒有彈性的他而言，對理想愛情的幻滅只能自怨自憐。不過還好，射手座《雞》可是沒那麼容易被打倒的，過幾天就會重新站起來，繼續走該走的路。

射手座《狗》
性格與情感

射手座《狗》具有強人特質，性情有些急，而且意見多多，在公眾場合中，他總是生龍活虎，因為對每件事都有自己獨到的見解，很會說服別人，很多人都奉他為上賓。射手座《狗》也勇於面對挑戰，嘗試別人不敢做的事業或投資，這種冒險犯難的鬥犬精神，是宏觀的眼界、對事對物的熱情整個滿表的關係。加上射手座《狗》對榮譽感的重視、對工作時的忠誠，是個讓人敬重的對象。

射手座《狗》天生就是當領導者的料，具備不凡的風範與新穎的創造性思維，應用原有方法與新技術的揉合是射手座《狗》的強項，並擁有謹慎行事、勇於表達、不怕嘗試的渴望。因此通常能成就一番事業。

冒險大玩家，是射手座《狗》喜歡直線行動的外號。正直又親切，讓他很受大家的喜愛，沉著又充滿鬥志的的個性，配上對別人的敏銳觀察力，常常讓射手座《狗》帶來生活或工作的的勝利。

祕密又感性的愛情，是射手座《狗》的最愛，不能帶來幸福與溫柔的情人，他完全不在考慮範圍內。

在愛情方面，像射手座《狗》這樣強而有力的領導高手，卻表現得相當溫柔，衷心希望受到伴侶的喜愛與崇拜，知道如何經營，讓彼此長期處身於熱情之中，並且長時間忠誠對待愛侶。射手座《狗》謹守生命中的個人隱私，在感情關係中一直小心謹慎著。

射手座《豬》性格與情感

射手座《豬》是一個俠義之人，事事都是直說，又懂得保護身邊的人。樂觀開朗、不拘小節的個性，也為射手座《豬》贏得很多摯友級的夥伴，但是他不喜歡當一個團體中的「指揮家」；有時射手座《豬》需要獨立完成工作，反而才會開心。

他對感情非常認真，屬於一談戀愛就像走紅毯般地慎重開心，射手座《豬》身邊的戀人一定要是個知識豐富的「小文青」。

射手座《豬》心胸寬大，願意分享幸福給另一半，會被他吸引的人，是因為他很有趣、有幽默感、很吸引人，因為有歡樂的地方就有他在。但是射手座《豬》需要在愛情中有自由的感覺，如果戀人沒有給出信任或真心的對待，這會讓他死氣沉沉的。

射手座《豬》害怕愛人嘮叨多話，喋喋不休地講個沒完，只喜歡跟對方在安靜的房間靜靜的看書、喝茶、聊天；不然就到電影院看場浪漫的愛情電影，看完之後再牽著手，分享各自的感受。射手座《豬》看重誠實，也要求情人不可以說謊；其實，善意的謊言是可以算了，那些不該存在的謊言會讓他心碎。

有著崇高理想的射手座《豬》，希望情人能善意陪伴，若不能陪伴也要有言語的鼓勵和支持，如果射手座《豬》能遇到性靈契合的靈魂伴侶，將是美麗人生的絢爛篇章。射手座《豬》也是一個連自己都不了解的謎樣人物，所以常常會給情人驚喜，讓戀人莫名的感動，也因為這樣的貼心柔情，他的情人不會輕易的離他而去。

傾向擁有穩定關係的射手座《豬》，談一場戀愛就會持續久遠，結婚之後，彼此還是像蜜糖一樣，讓旁人羨慕！因為射手座《豬》比別人擁有更多寬大心胸，換來了他一生甜蜜的戀情。

CHAPTER 10
魔羯座

魔羯座的血型鑑定

魔羯座A型

別人眼中的魔羯座Ａ型是看起來很純樸、善良的，當然他本身真的也是腳踏實地的人，屬於默默耕耘、努力工作的人。對於感情，魔羯座Ａ型也要有真實的感覺，他不喜歡花俏、新奇的戀愛，而是要平實、淡之如水的感覺。

魔羯座Ａ型是個自我要求很嚴格的人，因為只有要求自己做得好，才能要求別人也做得好，否則別人為什麼要聽他的指揮領導？魔羯座Ａ型有個觀念就是：「以身作則」，只有自己帶頭做，才能要求別人，這是魔羯座Ａ型的工作態度。

魔羯座Ａ型個性上是比較內向、拘謹、不圓融的，因此朋友對他的評語，大部分是認為他很保守、傳統，而且不喜歡嬉笑吵鬧，不過魔羯座Ａ型對朋友絕對是「兩肋插刀，在所不惜」。所以大家都很喜歡魔羯座Ａ型的陪伴。

魔羯座Ａ型在工作上雖然也是認真、努力，不過，他的學習需要比較長的時間，對於每件事情都會去努力完成，而且要求達到自己訂定的標準才行。魔羯座Ａ型很需要安全感，因此，對於金錢是很有概念的人，他不會亂用自己的錢財。魔羯座A型認為：「現在的節省是為了以後累積財富，必須要有足夠的本錢，才能在未來好好提升生活品質。」

魔羯座A型對於感情是絕對的忠誠，而且是那種對另一半很好很疼的人。不過，**前提是要讓魔羯座A型有足夠的安全感**，也就是現實生活中，一定要好好考慮清楚，不能只顧了感情，而不顧實際的生活，魔羯座A型認為這樣就太沒有安全感了，因為讓人無法安心的感情生活是危機四伏的。

魔羯座B型

魔羯座B型獨自一人時是非常安靜的，他們知道如何自得其樂，生性不喜歡受到太多的干預。天性較平淡，所以對功名利祿，也視為可有可無。魔羯座B型是個很重視內在涵養的星座血型，不過由於他不善表達，感情進展並不是很順利。生活在自己的空間中的魔羯座B型，不喜歡遭到外人太多的干涉，可以說他很能自得其樂。不過，在團體生活中，魔羯座B型很樂意於幫助別人，而付出自己的全部心力，因此在團體中，他總是很受歡迎的。

魔羯座B型是個沒什麼心機的星座，對任何人都是一視同仁，有人需要幫忙時，魔羯座B型會盡力幫忙，不過他的口才表達能力不是很好，難免有時會讓別人誤會，這是他自己要小心注意的地方。魔羯座B型要儘量去練習自己的口才及表達能力，這樣對他來說，會有很大的幫助。

魔羯座B型對於財務的處理，很會精打細算，不會浪費一毛錢，這樣才能讓自己有安全感。不過，該花的錢也不會省著不用，魔羯座Ｂ型看見自己喜歡的東西，通常不加思索就買了下去，偶爾才會考慮到當時的經濟狀況來做決定。

魔羯座Ｂ型對於感情很理智，並不是喜歡誰就去追誰的那型，通常他是經由仔細、慎重的考慮以後，才會真正下決定的人，因此可能有時考慮太多，而讓自己陷於無法走出的局面，魔羯座Ｂ型在婚姻方面，可能也會有拖延不決的傾向。

魔羯座AB型

魔羯座ＡＢ型是個擁有自信及魅力四射的星座血型搭配，當然有時會給人過於自傲的感覺。他在工作上表現非凡，而且能進入位高權重的核心集團。他們對於伴侶的選擇條件很高，不過本身並不善於表達愛意，所以魔羯座ＡＢ型有時會選不到滿意伴侶的顧慮。

魔羯座ＡＢ型在工作上是很認真的，因為他期望在工作上能獲得很高的評價，認為這樣才是自己受到重視，受到了肯定。魔羯座ＡＢ型太過於自我意識，有時有點接近「狂傲」，常會感覺自己和別人格格不入。這種魔羯座ＡＢ型的「自我膨脹」真的是需要注意，應當適時的考慮別人的感受，不是什麼事都以自己為主，這樣會讓人對魔羯座ＡＢ型產生不好的評價。

魔羯座ＡＢ型對於各方面的新知，總是勤於吸收到自己的知識寶庫裡，各種知識對他來講，都不陌生，**他對事物的理解，不只是涉獵一些而是精熟級的知識長**，因此魔羯座ＡＢ型給人的感覺，就是很先進、很有新思想的人，**無時無刻不停止的努力工作與學習，就成了他的目標**。

對於感情方面，魔羯座AB型總有穩重的想法，認為感情就是要過一輩子，因此一定要慎重、仔細，不可以隨便草率的決定。魔羯座AB型在擇偶的條件上很嚴苛，不管是學歷、能力都要和自己匹配才在他的考慮範圍內。

魔羯座O型

魔羯座O型是個做事有計畫的人，發現目標後，會全心投入到做好為止，因此他的能力深獲好評。不過由於魔羯座O型天生小心謹慎而顯得有些拘謹，所以他對於感情表現出來的行為，就是會慎重地選擇伴侶，因為他認為戀愛到最後就是結婚，小心謹慎絕對沒錯。

魔羯座O型很有意志力，做事不會半途而廢，對於工作的專業、全心投入的個性，是魔羯座O型讓上司與老闆給予他好評價的原因—哪個老闆會不喜歡努力勤勉的員工呢？魔羯座O型對朋友的要求很高，希望每個人和自己一樣的忠誠。不過，在現實的社會很難找到像他這樣的人，很多事情，都還是要靠自己，靠別人是做不到的。

魔羯座O型在感情方面給人比較不安定的感覺，那是因為**魔羯座O型認為要找一個心目中理想的伴侶，一定要精挑細選，仔細慎重的做決定，不可以草率行事，因為這可是關係一輩子的事**。另外，他對伴侶的選擇條件是另一半必須努力於工作上，老實、誠懇、善良，這些才是最重要的。

魔羯座＋十二生肖完全解密

魔羯座的鼠：聰明的鼠
魔羯座的牛：拘謹的牛
魔羯座的虎：有理想又很活潑的虎
魔羯座的兔：不易親近的兔
魔羯座的龍：虛懷若谷的龍
魔羯座的蛇：大智若愚的蛇
魔羯座的馬：負責任的馬
魔羯座的羊：善於替人設想的羊
魔羯座的猴：十分拘謹的猴
魔羯座的雞：獨立特行的雞
魔羯座的狗：有點神經質的狗
魔羯座的豬：工作努力、嚴以律己的豬

魔羯座《鼠》
性格與情感

魔羯座《鼠》性格與情感在魔羯座和所有生肖的搭配中，是非常能言善道的，當然，也同樣是把「責任、權勢」放在第一位，只不過魔羯座《鼠》有了「語言」天份上的助力，相信會有更好的表現。

魔羯座《鼠》對於另一半，很早就知道戀人的要求，只不過真的是太實際的人了，買就買、送就送，不會稍微製造一些「浪漫」。其實這也沒什麼不好，表示魔羯座《鼠》不但實際，又會細心去了解對方的需要，只不過因為魔羯座《鼠》表示得不夠浪漫罷了。現代社會要找一個這樣的老實人，又能了解另一半需要的不多，對方要懂得珍惜魔羯座《鼠》。

通常在選擇另一半時，魔羯座《鼠》是很有眼光的，他會挑選適合自己的人，也能讓對方知道他的感情表達方式，如何與他相處，其至他希望對方怎麼樣，他都會說。這樣反而比較好，大家把話說清楚了，省得我不說，你也不說，大家比賽誰最會僵到底，這可是會把問題愈放愈久，最後反而可能溝通不良而分手。因此，**魔羯座《鼠》要多運用自己的口才，會得到更好的溝通效果，讓感情更能持久**。

魔羯座《鼠》屬於「一步一腳印」做事的人，所以總給人動作有點緩慢的感覺，可是他絕對是能做得很好哦！「負起責任」，一向是他最注重的，自然是會努力於自己的工作。魔羯座《鼠》對於自己的家庭，也會盡全力照顧，是很可靠的伴侶。

魔羯座《牛》
性格與情感

魔羯座男女常會給人「大男人、大女人」的傾向，現在加上生肖牛，似乎魔羯座《牛》的傾向就更嚴重了一點。不過，通常魔羯座《牛》這種組合在事業上，是很能讓大家刮目相看的。

一般來說，努力於工作的人，似乎對於「愛情世界」都不是那麼的注重。可是對這個魔羯座《牛》來說呢？人生就是一個全盤的計畫，到什麼年齡該做什麼，那都是有既定目標的，自然從「戀愛」到「成家立業」，就一定是要按部就班執行。因此，魔羯座《牛》完全是以「家」的圓滿，做為以後要編織的藍圖，然後才去談一段感情。

可以看出，魔羯座《牛》所喜愛的一定是要能穩定性的對象，而**只要能當他的另一半，真的是很幸福！因為魔羯座《牛》顧家的個性是大家有目共睹，他非常有責任心啊！**

在「愛情世界」中，魔羯座《牛》很有自己的看法和做法，也很能讓對方感受到他的照顧，只是他這種浪漫表現，都是在有了生活的安全感之後，才會表現出來，魔羯座《牛》絕對不會在工作不穩定時，就去談什麼「浪漫愛情」，那是不可能的事。

魔羯座《牛》的婚姻與感情生活，一定是「倒吃甘蔗型」。有時魔羯座《牛》給大家一種「孤獨感」，好像他都不需別人的幫忙，好像完全都可以自己搞定。旁觀者會覺得魔羯座《牛》心事重重，也不好溝通。可是通常他也覺得無所謂，因為魔羯座《牛》總認為，凡事要靠自己，別人不一定可靠。正因如此，他的耐性比別人好得多，這是他真性情的表現。

魔羯座《虎》性格與情感

通常自信滿滿的人，就已經具有一股讓人無法抗拒的魅力了，而魔羯座《虎》就是如此，他這股天生的氣勢很強，想讓人不注意都不行！可是這麼一個有自信魅力的人，反而在愛情世界顯得有些不夠積極。不過，似乎只要有了魔羯座的星座個性，都是對「愛情」比較不善表達的感覺。

魔羯座《虎》當喜歡的人在面前時，反倒是失去平時的「自信威風」，比較沒有表現自己的勇氣。其實只要是魔羯座《虎》認為不錯的想法，就應該把心裡的話說出來，如此對方才可以真正了解他的想法。

在感情世界中，魔羯座《虎》是一個確定自己的目標之後，就會對對方很好的人，那麼，他喜歡的戀人類型是哪一種呢？**第一：負責認真；第二：要和他對眼的；第三：男的要穩重，女的要溫和的**。這樣大致上就可以。一旦魔羯座《虎》喜歡了對方，會無條件的付出一切，只要對方有需要，他就會熱誠的投入自己的心力。建議魔羯座《虎》負責任的個性，還是要加強多表達自己的感覺，以及多多訓練自己的語言能力吧！

魔羯座《虎》絕不做沒有把握的事，但要做都是一定成功。這是魔羯座《虎》的企圖心，他總有著巨大野心的計畫。既然是這樣，當然魔羯座《虎》也有著一個聰明的腦袋，能事先好好的詳細計畫，而不是隨隨便便草擬一切！機會更不是隨便就可放它走，一定要好好抓緊它，才能創造一番不同於別人的人生之路。

魔羯座《兔》

性格與情感

魔羯座《兔》是一個溫和中帶有執著的組合，他的行為舉止是那麼有禮。其實，魔羯座《兔》早就已經尋找好了目標，甚至有了自己的計畫，並且正一步步邁進，只是大夥不知道而已，這就是他有耐性的地方。

其實能和魔羯座《兔》進入感情世界，那是很幸福的。因為基本上，在一段感情中的兩個人，其中一個有著責任感和愛心的話，另一個通常能夠感受到幸福，而魔羯座《兔》會安排好一切，當然也是他很有責任感的個性囉！但是魔羯座《兔》的「浪漫感」就比較差，因為，他太實際了！

魔羯座《兔》適合的對象是什麼樣子呢？並不是所謂「男的帥、女的美」，魔羯座《兔》認為必須能力和實力都要放在前面，還有品格與性格也很重要。由此看來，**他並沒有以貌取人的傾向，反而重視的是對方的品格和能力，更可以從此看出魔羯座《兔》是重視工作、權勢和名譽的個性。**

「外遇問題」會產生在魔羯座《兔》身上嗎？其實機率很低，只不過對於工作能力好的異性，不能否認，他會對對方產生好感，這是魔羯座《兔》要注意一下的。魔羯座《兔》有在那裡坐著都不會有人發覺的能力，因為魔羯座《兔》很安靜又不愛炫耀，可是確實也有著深深的毅力和邁向「成功」的堅決意念。

因此，魔羯座《兔》外表會給人一種穩重中的固執感，但不要以為魔羯座《兔》是溫馴沒有野心的，那就錯了，只是他擅長隱藏與變身，不想讓別人發覺自己的企圖心罷了。

魔羯座《龍》性格與情感

其實在「愛情世界」中，魔羯座《龍》是一個很富有感情的個性，只是在「情感表達」上，可能需要加強些，**雖說魔羯座《龍》有著深深的情意，可是對方常常感覺不到，因為魔羯座《龍》表示得不夠明顯，又加上害怕說出來對方不願意接受。**東擔心、西擔心，弄得魔羯座《龍》的戀愛常常談不成。

魔羯座《龍》應該在自己的感情上好好規劃一下，因為本來他就是一個很有計畫的人，既然如此，魔羯座《龍》不如仔細對自己的戀情做詳細的計畫。平時他並不會和別人分享自己的心事，所以就算有感情問題，魔羯座《龍》當然也是放在心裡，所以才會說他自己要好好想想，怎麼做對自己才是最好。

魔羯座《龍》的「愛情觀點」，是屬於不花俏又純樸的感情；要「實實在在」的感覺，因此可能比較適合魔羯座《龍》的對象，也是屬於「純樸型」的人，千萬不要去找那種太花俏的，魔羯座

《龍》會讓自己受不了。

在兩人的感情世界中，魔羯座《龍》應該是要在對方表明了自己的心意之後，才會有所行動，這是他所要求的「安全感」，可是只要一經證明，魔羯座《龍》一定會對對方很好，這是千真萬確的事情。

魔羯座《龍》是很有頭腦的個性，他對於權力欲望似乎很積極！當然這是本性，無法更改的啦！魔羯座《龍》在與朋友的交往中，那可是有所區別的，在熟識的朋友面前，真的是天南地北無所不聊，可是魔羯座《龍》在初識的朋友面前就比較拘謹寡言。

魔羯座《蛇》

性格與情感

魔羯座《蛇》這個組合，有魔羯座在內，所以感覺上會有實際也比較謹慎的本性，可是在面對愛情時，魔羯座《蛇》卻是另一種表現！在確定自己的感情對象後，他會有追求唯美感情的表現，也就是魔羯座《蛇》仍舊忠誠於自己的感情，只是表現得比較讓對方會有談戀愛時甜蜜的感覺。

對魔羯座《蛇》來說，他是個很實際的人，不會在那裡空談一堆，什麼都沒去做，他一定是說到做到的人。魔羯座《蛇》對愛情也是如此，有愛心、耐心，懂得體諒另一半，但是必須對方的忠實也是他所認可的才行。

當然，**想和魔羯座《蛇》在一起的對方，必須了解他是對於「權勢」很有欲望的人，一定要在**

這方面盡量協助他，最好還要能替他出謀劃策的話更好。魔羯座《蛇》就會認為，身旁的另一半真是個得力的好幫手！

不過，每個人對「愛情」多少都有一些期望吧！當然魔羯座《蛇》也不例外。可是他有一點是人家受不了的，那就是魔羯座《蛇》會把想像套用到現實來過日子，當然這會造成夢想與現實的差距哦！

對於自己前途有著強烈企圖心的，就是魔羯座《蛇》的這個組合，只要是自己決定的事，一定會全力以赴，不達成功，絕不會停止，再加上魔羯座《蛇》權利欲望很重，因此這一路走來，他可能會有些孤獨，不過對他來說，魔羯座《蛇》唯一目標就是「成功」，只要能「成功」，他才不會有其他顧慮呢！

魔羯座《馬》性格與情感

魔羯座《馬》是個在工作或和普通朋友在一起時，都很能言善道又誠懇的人。因此，初相識的朋友或工作夥伴都很喜歡他。但想要進一步和魔羯座《馬》做朋友的話，可能會感覺到他抗拒的壓力，因為在感情這方面，魔羯座《馬》總是很小心考慮，不會輕易下決定。

但是他考慮得太多了，不論是事業工作、個性、家庭背景，這些都是魔羯座《馬》考慮的範圍，有時真覺得他想得也太多了、管很寬，不過，魔羯座《馬》這種仔細的精神也很值得學習。

在面對感情時，魔羯座《馬》其實是很謹慎的，從外表的打扮到談吐的氣質，都是他非常注意的，因此往往第一眼給人的印象都非常好。這是因為魔羯座《馬》對自我要求很嚴格，當然對對方也會有所要求，必須要在事業上有能力，在言談上有內涵，在行為舉止上有大家風範的氣度。

因此，魔羯座《馬》要找一個符合自己標準的對象，好像是難上加難！雖然他的條件那麼多，可是**當魔羯座《馬》一旦認定一段感情之後，會用天長地久的心去對待對方，魔羯座《馬》會全力維護自己的愛情。**

基本上，只要有魔羯座的組合，不論那個生肖，都是對工作很認真、很敬業的個性。只是表達的方式不太相同。而魔羯座《馬》不但有負責認真的態度，更有靈活的頭腦，而且工作能力更是一流。只是魔羯座《馬》比較獨來獨往，也因為凡事掌控在自己手中，因此不太會在乎別人想什麼，這樣一來，魔羯座《馬》的朋友會比較少。

魔羯座《羊》
性格與情感

魔羯座《羊》身上有一股很特別的魅力，就是他那種專心一致於工作的感覺，也可以說他對每件事情都很認真的態度，這會讓身邊的友人對魔羯座《羊》很欣賞的哦！

通常這種勤奮的人，在對愛情的看法上，比較屬於「執著型」。**魔羯座《羊》絕對不是一個善於表達自己感覺的人，尤其是如果深愛著一個人，只會自己愈想愈多，不一定會去付諸行動，**這種

「被動的愛」，就是他需要改善的地方。

「愛情」是兩個人的事，不是單方面就能自己一手包辦。因此，在愛情之路上，魔羯座《羊》可能必須要強迫自己去學習，如何開口「談愛情」，如何去了解對方一舉一動的意涵，以及如何善用魔羯座《羊》自己的「肢體語言」，這些都是在兩人單獨相處時，必須要去練習注意的地方。

魔羯座《羊》的組合，是一個不怕任何挫折的個性。在他的信念裡面，「凡事只要肯努力去做，一定都能成功。」這也造就魔羯座《羊》孤獨的原因，因為他對於要求自我比較嚴格，什麼事都想要一手完成，這時魔羯座《羊》要和別人好好溝通的機會就會變少了，長久下來，人際關係並不會太好，這點要注意一下。

魔羯座《猴》性格與情感

魔羯座《猴》對於「愛情」的態度，算是很慎重積極的！可是他卻不是魯莽型，他會用心去觀察對方，而且要在自己放心之後，才會有所行動。當然，對方也必須表現得讓他覺得滿意，否則魔羯座《猴》不會輕易表達出自己的感情。

其實，魔羯座《猴》很有魔羯座面對每件事都很認真的個性，可是生肖猴原本就比較活潑、開朗。因此，或許**對魔羯座《猴》來說，會有兩種個性的表現：一種是在極為熟識的人面前，會有自然、開朗、不拘束的態度。另一面是不熟識的朋友會看到魔羯座《猴》不喜言語，仔細小心的一**

面。

在對「感情」上，魔羯座《猴》似乎也有著兩面性，即使今天深愛著一個人，但只要他並不是很了解對方的話，魔羯座《猴》不會輕易表達出他的感情。當然，對方也必須要表現得讓他放心，才會得到魔羯座《猴》的回應。對於「愛情」，他是很小心的。因為對他來說，人生什麼時候該做什麼事，都是一定的，「婚姻」必然也是其中一項，所以一定是要謹慎挑選，而且最好是一次ＯＫ，讓魔羯座《猴》能有繼續去打拚的動力來源。

魔羯座是不多言的星座，可是在與生肖猴的組合中，反倒成了一付有話就說的個性。其實這也沒有什麼不好，只是如果能再慎重一點，相信更能有不錯的表現。他對於工作事業很有衝刺的心，絕對是會勇往直前的。

魔羯座《雞》 性格與情感

魔羯座《雞》，可能是魔羯座和所有生肖組合中最受朋友歡迎的。因為在大夥一起的場合，他並不會堅持己見，而且很合群。其實，真的是這樣嗎？應該是說，魔羯座《雞》都把情緒壓抑在自己心裡了，可能要在沒人時，魔羯座《雞》才會「碎碎念」哦！

由於魔羯座《雞》有著隱藏自己的個性，因此在面對自己喜歡的對象時，似乎不見得會把心裡的話說出來，這是感情生活中的禁忌，會讓對方不知道他到底是愛還是不愛？如果是愛，那就應該要毫無保留讓對方知道才對。其實魔羯座《雞》有自己的想法，但不論是什麼想法，他總是要說出來溝通，而且說出來可能會比放在心裡要好。

建議魔羯座《雞》要適度釋放自己的感情，把該說的話說出來，當魔羯座《雞》熱情釋放出來的時候，對方是能感受到的，而且他會是誠懇的，練習把話說出來，**這對感情會有增進作用。**

通常魔羯座《雞》對於自己的事情，很有自主性，可是在多數人的場合中時，他卻又不願表示自己的意見，但又很受不了別人提的意見。這種情形表面看起來沒什麼，但在魔羯座《雞》心裡可是有著千百個建議想說出來。在這種時候就不妨說出來吧！否則會憋死自己哦！

魔羯座《狗》 性格與情感

魔羯座《狗》的「自信」似乎可以完全應用在工作上。在感情生活上，他掌握的能力就不是那麼明確了，反而有時候會患得患失，這可能是魔羯座《狗》給自己在愛情方面的壓力太大了。

因為工作事業有努力就有收穫，但是愛情卻涉及另一人，這並不是魔羯座《狗》能掌控的範圍，再加上在愛情世界中，什麼奇怪的問題都會有，不能２４小時看著對方在幹嘛，就算２４小時在一起，也不一定能知道對方是在想什麼啊！

這時，猜忌可能就會出來了，而魔羯座《狗》是一個重視事業的人，這種需要細心的事，他可能會比較疏忽，所以建議在有了對象以後，要多放些心思在對方身上。

在此要建議，魔羯座《狗》應該對他的「愛情世界」多放些心思，把對事業的那股勁拿過來用，當兩人在開始之初一有問題時，就一定要細心去了解癥結在那裡，要怎麼樣改進，而不是不理不睬，這是會讓魔羯座《狗》的「感情終結」哦！

有小問題就要解決，自然可能會擴大啊！魔羯座《狗》還要學會多説些好話，不要都悶悶的，在「感情世界」中，「語言表達」是很重要的一環。

魔羯座《狗》很有自己明確的生活目標。因此，總是能散發出「自信」的魅力，只是有時會給人太過於重視目標的感覺，也就是魔羯座《狗》脾氣硬了一點，**不妨把身段放柔軟點，相信會增進他的人緣。在事業的範圍中，魔羯座《狗》是很能掌握自己想要的東西，完全不會錯失機會的。**

魔羯座《豬》
性格與情感

魔羯座《豬》在工作事業上很會表現，而且是「強到破表」，但在「感情生活」上，那他就有些「呆板」了。對魔羯座《豬》來説，每一件事都應該要努力去做，這樣才對得起自己，也就是這個信念，讓魔羯座《豬》在各方面都可以表現得很成功。

對於愛情，魔羯座《豬》也有著很大的憧憬，表現出來也是很專一的感情觀。因此魔羯座《豬》對感情是忠實的，這對於要求忠誠度的另一半，可以很放心很滿意，但愛情除了忠誠這個重點之外，總是要有一些「催化劑」吧！甜言蜜語、肢體動作及一些貼心的表現都缺一不可。基本上，除了忠誠，魔羯座《豬》還有很多需要加強的，如果能貼心一點，那麼他在「愛情世界」中，一定會更具魅力。

另外魔羯座《豬》很忠實於對方，因此也會對對方有較多的要求，這就是在一般情侶中出現的「占有及嫉妒」，其實適當的表現一下，可以增進彼此之間的「甜蜜感」，但別用多了，那會累壞彼此的。**魔羯座《豬》應該去掉嚴肅的面孔，常常微笑，如此必定能增進他的魅力**。

魔羯座《豬》在工作時，有非常認真、努力的個性，甚至可以自己一個人一直努力做，完全不會顧慮別人的看法，有時難免會有點「孤寂」。可是這只是他對外關係上的問題，基本上，魔羯座《豬》是一個可以自己獨立完成很多事情的人。因此，「孤寂」不算什麼，「成功」對他而言才是最重要的。

CHAPTER 11
水瓶座

水瓶座的血型鑑定

水瓶座A型

水瓶座A型是個適應力很好的星座血型搭配，由於他們處世圓融協調能力也很好，所以人緣不錯。在工作上也有很好的表現，而且深受上司的欣賞，他們認為只要努力都能成功。

除了溝通及協調能力，待人又很親切有禮，因此水瓶座A型是大家喜歡的好朋友，他很有自己的想法及眼光，也能讓大家接受。在外面對待別人時，是很精明幹練的樣子，但私下在家卻沒什麼架子，水瓶座A型喜歡慵慵懶懶、隨心所欲，愛做什麼就做什麼。

不管任何場合，水瓶座A型都是很受歡迎的。**因為博愛善良的個性，常常會不自覺流露出來，讓人不得不注意他的存在，當然他的能力也是不容忽視，總是讓人讚賞有加。**在工作方面水瓶座A型表現出來的就是讓人讚賞，不過他不喜歡壓力，也不喜歡在大企業中競爭，平淡度日是最好的選擇。

水瓶座A型心中對於財富的概念和他的個性一樣，他不是那種貪心的人，只要錢財夠用就好，能讓自己衣食無缺就可以了。水瓶座A型對於感情方面，一定要找一個在各方面都能和自己互相搭配的人，這所謂的各方面，包括知識、理性及對人生的價值觀。因此，不是理想中的伴侶，水瓶座

A型絕對不會把這個人放在他的考慮範圍內。

水瓶座B型

水瓶座B型是個很有氣魄的人，他有強烈的求知欲望，所以知識淵博，有很多的話題可以和他討論，可以與人天南地北的聊，而不會覺厭倦。不過由於水瓶座B型想法較特異，在團體中是屬於比較獨特的一型。水瓶座B型對於感情是彼此能像朋友一樣，能夠有共同的理想抱負，可以一起談論未來。

水瓶座B型是個很有自我意識的人，大家一起聊天講話時，他常是那個會語出驚人的一位，不但有自己的想法及看法，也有自己的做法，不過水瓶座B型**有時也會讓人受不了他自以為是的作風**。

水瓶座B型行為處事是很獨樹一格的，自己認為對的就去做，沒有什麼道理可循。因此也常讓人覺得他是個怪人而且不可理喻，當然欣賞他的人會對他讚不絕口，不欣賞他的人根本是懶得理他。水瓶座B型對於錢財不是很有概念，有錢就可以為興趣、為理想而花用，就算花光光也沒在怕的！因此，存錢對水瓶座B型是不太可能的。

對於感情方面，水瓶座B型不喜受束縛、約束，而是要一份兩人可以心靈相通的感覺，不用天天膩在一起，但一定要是可以知性、感性的溝通的另一半，這才是水瓶座B型認為可以長長久久的感情。

水瓶座AB型

水瓶座ＡＢ型是很理性、很知性的星座血型搭配，他們會為自己的理想與目標，而不停的奮鬥，不管周遭朋友對他們的看法，水瓶座ＡＢ型只會努力去做。對於感情更是理性，他不喜歡整天的束縛，而是要有自己的生活空間，話題也必須是感性知性兼具的。

水瓶座ＡＢ型很有自己的看法及想法，對於每件事絕對會考慮再三，對自己的要求也很高，不會停滯在一個地方而不前進，因為如此，水瓶座ＡＢ型有時會過於鑽牛角尖。而沒有顧慮到現實生活，做每件事一定要理想與實際都想到，才能有最完美的處理。

從外表看來，水瓶座ＡＢ型讓人難以親近，因為感覺上對人有些冷淡。其實，他是很溫和的，對上司同事很有禮貌卻又有點距離，但對工作是很認真。可是水瓶座ＡＢ型這樣的表現，有的人會認為他很不錯，有的人會覺得似乎有點「矯情」。

水瓶座ＡＢ型對於工作，希望找個可發揮自己長才的工作，不要受到束縛與牽絆，讓自己可以無憂無慮的生活及工作，才能充分發揮出他的才華。對於錢財方面不是那種積極努力賺取的人，認為錢只要夠用就夠了，不需要什麼物質享用，只要平凡即可。

水瓶座ＡＢ型對於感情也是理智類型，另一半一定要有智慧、知性及感性，對於知識全無又膚淺不已的人，他一點興趣都沒有。

水瓶座O型

水瓶座O型很有領導者的個性，動作迅速又俐落，做事不會拖泥帶水而且幹勁十足。不管對長輩或平輩都是親切有禮，所以很得上司的信任及同事的喜歡。水瓶座O型對於情人會有較強烈的要求，譬如要能和他們談國家大事，也能說輕聲細語的情話。水瓶座O型認為這才是最棒的情侶生活。

水瓶座O型個性率直又瀟脫，很有行動力及活力，不管在什麼地方，都是一個很顯眼的人，因為水瓶座O型就是有那個魅力讓人不得不去注意他，而且不知不覺聽進他所講的話，贊成他所做的事。他是個與眾不同，又特立獨行的人。

水瓶座O型對待上司、長輩及同事很有禮貌也很尊敬，因此很受到周圍人們所喜愛。水瓶座O型是個很有想法及概念的人，因此如果自行創業，很能表現出自己的才華，他不僅努力，而且會讓事業做得有聲有色。水瓶座O型對於錢財方面，會用有限的錢做最大的使用，也就是用最具經濟效益的方法來使用自己的錢，維持理財的「最優化」，不會讓自己陷於無錢可用的窘境。

在感情方面，水瓶座O型不反對跟異性多多交往，不過他也不會亂來，因為他認為要找一個不管在各方面都和自己很相配的人，是不容易的事，更何況還想要找一個知性又理性、又彼此互有感情的伴侶更是不簡單。但是一旦找到，水瓶座O型對另一半是疼愛有加的。

水瓶座＋十二生肖完全解密

水瓶座的鼠：知識淵博的鼠
水瓶座的牛：善變的牛
水瓶座的虎：兼具理性和知性的虎
水瓶座的兔：個性隨和的兔
水瓶座的龍：嚴以律己的龍
水瓶座的蛇：小小憂鬱的蛇
水瓶座的馬：努力不懈的馬
水瓶座的羊：保護自己的羊
水瓶座的猴：富於心機的猴
水瓶座的雞：嚴肅的雞
水瓶座的狗：知性又感性的狗狗
水瓶座的豬：勤奮工作的豬

水瓶座《鼠》性格與情感

水瓶座《鼠》對於一切自己想知道的事，一定會想辦法去了解；當個博學多聞的知識家是他的願望，這是一種可愛的「求知欲」，也是他天性如此，所以總讓人覺得水瓶座《鼠》是個「好奇寶寶」。

一般異性碰到水瓶座《鼠》，第一印象都是被他知識豐富的優點所吸引；可是接下來又會發現，怎麼水瓶座《鼠》在面對感情時，很沈默又不太會表達？**一講到別的話題，那可是天南地北聊個沒完，然後在談情說愛時，卻像斷了弦的小提琴一樣，發不出聲音**。其實不用懷疑，這就是水瓶座《鼠》的特質，他對於平常話題能聊得很多，一提到「感情」，心裡反而想很多，因此而「有口難言」。所以應該多訓練水瓶座《鼠》感情表達的能力。

其實在面對感情的時候，水瓶座《鼠》是有一些矛盾在的，一方面很期待，一方面又怕受傷害。所以往往在表面上，水瓶座《鼠》似乎是很堅強，不需要什麼特別的照顧，但真正的他呢？可是很希望能得到由「愛情世界」所帶來的愛，這種甜蜜的感覺，是水瓶座《鼠》最喜歡的。

水瓶座《鼠》是很溫和的人，而且很能配合大家，有強烈求知欲，只不過水瓶座《鼠》似乎都是把大家的事放在第一位，自己的事則放在次要的位置；這種個性，朋友之間會很欣賞，但是水瓶座《鼠》的「親密愛人」卻是會受不了的哦！

水瓶座《牛》

性格與情感

通常水瓶座的人都喜歡吸收新知，卻只是涉獵而已，沒有深入探討。水瓶座《牛》卻是不同的哦！他會好好研究一番，而且是全數了解後收入「腦中」，因此水瓶座《牛》會給人很有學識的感覺。

水瓶座《牛》的「愛情世界」，是希望穩定與溫馨的，絕對不是那種「炫耀奪目」的愛情。所以，他所想要的感情世界是那種平淡恬靜又有著純樸之美的感情。**水瓶座《牛》會把對方照顧得很好；但他更希望的是穩定，也希望另一半能儘量幫助他、體諒他。**

對於自己的愛情，水瓶座《牛》是負責的，希望在穩定感情之後，就能好好的照顧對方，這是生肖牛所出現的責任感。不過，前提也必須是對方很能配合他，也要是他欣賞的類型，否則可能還是沒有什麼結果。

周圍的人對水瓶座《牛》的評價，是認為他有點自認為了不起的樣子。其實，水瓶座《牛》只是受不了不求取新知的懶人。水瓶座《牛》是個很能平衡的人，不但有著水瓶座的平衡特性，而且還有生肖牛勤奮的個性。綜合起來，水瓶座《牛》不但是有靈活頭腦的人，還有一顆勤奮努力去探索自己的心，可想而知，他是很能在各方面嶄露頭角的人，而且不會給自己太多壓力，能輕鬆度日囉！

水瓶座《虎》 性格與情感

水瓶座《虎》在面對感情的時候，屬於要有「愛情滋潤」，可是並不要「互相拘束」的感覺，這種要求一般人是不太能接受的。因為，感情本來就是兩個人的事，那種「沒辦法去掌控另一方的感覺」的狀況，不是水瓶座《虎》的另一半容易接受的，可是偏偏他是一個非常希望「自由」多於「拘束」的人，總是會在兩人世界裡，把事情弄得很僵。

水瓶座《虎》跟所有人相比，可能不算是個專情的人！主要是他對於「愛情」的定義，有些差別吧！水瓶座《虎》認為享受了「愛情」帶來的快樂就好，他不要那些附加而來的責任。

不過，當和水瓶座《虎》初相識的時候，受追求的戀人會覺得非常的快樂和幸福，尤其是初戀，水瓶座《虎》更是會出現令人驚訝不已的表現哦！那種很照顧、很甜蜜，凡事都替對方事先想好的體貼，真是讓對方感到無微不至的照顧，水瓶座《虎》的戀人會有滿滿的幸福感。

不是說水瓶座《虎》不適合婚姻，而是他不太適合過早結婚吧！需要有了一定的生活歷練，才能讓他成長成熟，想要穩定下來。當水瓶座《虎》真的想穩定時，他一定能好好全心投入，這是年齡及歲月給水瓶座《虎》成熟穩重的歷練。

通常大家會提到水瓶座很溫和的個性，可是提到了生肖虎卻又不是了。他總是脾氣不怎麼好的樣子，可是在這個水瓶座《虎》的綜合體裡面，是不會如此的哦！反而是很和善，甚至是和別人都相處得很融洽，也很具有理想與抱負。水瓶座《虎》不會不擇手段，他在別人眼中總是一個很正直的「好人」。

水瓶座《兔》性格與情感

水瓶座《兔》是個很有自己看法的組合，但又不會強勢表現出來，會默默堅持自己的想法。他常常會認為事情非要怎麼做才可以，有時真會讓人家受不了呀！

水瓶座《兔》希望找到比較溫和的另一半，他不傾向跟很強勢的類型在一起。當然，他自己本身就是不會與人計較的個性，所以平常是不會看到水瓶座《兔》面紅耳赤的跟人爭執哦！而且他總是讓人感覺很有「學者風範」、溫文儒雅，自然就希望自己的愛情世界是溫和而不會吵吵鬧鬧的，更希望另一半能有跟他一樣的嗜好。

從水瓶座《兔》有對象開始，就是希望朝著能長久溫馨的家庭生活邁進，因為他是一個希望有穩定生活的人。水瓶座《兔》希望自己的未來，是非常具有藝術氣息，很有情調的生活。

如此看來，就知道水瓶座《兔》絕對不喜歡處在「尖銳的兩性關係」與「表面的和平」的生活，那種狀態是水瓶座《兔》受不了的。不過在他受到欺侮時，也不會是省油的燈！只是水瓶座《兔》不會希望有這種場面發生。**水瓶座《兔》要求的是安穩平順的愛情世界，靜靜的兩人享受就好。**

水瓶座《兔》其實對自己很有自信，甚至可以說是絕對壓倒性的自信，因此難免給人「固執」的感覺。雖然水瓶座《兔》想要成為一個被大家了解及贊同的人，但是必須要先能了解大家在想什麼，而不是每一件事都按照自己的想法，才不會造成自己跟大家格格不入的結果。

水瓶座《龍》性格與情感

天生就很具有魅力的水瓶座《龍》，他一方面是工作能力強，另一方面則是「自信」所散發出來的關係。在「感情世界」中，他同樣是具有著讓人想接近的吸引力，因為水瓶座《龍》只要一出現，就一定讓人行注目禮（男的整齊、帥氣，女的溫和、有禮）。

在感情的表達上，水瓶座《龍》是很直接的哦！他只要喜歡上了，就會表現出來，而且會給對方無微不至的照顧和體貼，對方一定會被水瓶座《龍》的真誠感動而心動不已。當然，談感情對他來說，最終的目標也是走入「婚姻」。水瓶座《龍》絕對不是所謂的「不想結婚只願意享受愛情」的那種人，在這方面，他有著傳統保守的觀念。

不過，水瓶座《龍》在談情說愛的同時，也是有一些先決條件的，水瓶座《龍》要求戀人的外表要好看，最起碼要自己覺得看得過去，說話談吐也要不錯。基本上，這種組合，當然就是「郎才女貌」、「男的帥，女的美」囉！

水瓶座《龍》的志向遠大，想的未來也很長遠，能和朋友之間維持著良好的關係。他很能了解朋友的喜、怒、哀、樂；他對大家都很好，自然他的人際關係就很棒了。水瓶座《龍》對於自己的工作是很用心的哦！他很能在工作方面發揮，進而成就一番理想與事業；更能讓身邊的人，和他一起學習、並肩作戰。

水瓶座《蛇》
性格與情感

水瓶座《蛇》可能是這個世界上，最不會給自己壓力的「人類」了，他更能把自己一些善良與和平的理念，傳送到身邊每一個人身上，使自己所處的環境是一個沒有勾心鬥角的地方。

大家可能會以為水瓶座《蛇》，一定是一個外在表現很保守、打扮比較守舊的人，那可就大錯特錯了，他不但思想新潮、打扮更是時髦呢！那是因為水瓶座《蛇》有著非常清新鮮明又活潑的個性。水瓶座《蛇》如此重視打扮，會不會對自己的另一半，也是這麼的要求呢？當然不會啦！**對水瓶座《蛇》來說，一個真正的優質對象，內在素質比外在華麗重要得多了，水瓶座《蛇》的戀人還必須要有不凡的言談能力，這才能符合水瓶座《蛇》的標準。**

雖然水瓶座《蛇》是很隨和的個性，可是在愛情世界中，仍舊不希望有被束縛的感覺，水瓶座《蛇》希望兩個人除了甜蜜熱戀之外，還要有彼此互信的空間，這樣才能共同成長與學習。但不要懷疑，水瓶座《蛇》在確定了真正的「心儀對象」之後，他會非常疼惜對方，水瓶座《蛇》的專情是不容大家質疑的。

水瓶座《蛇》不太有權力欲望，有很多大家在意的事，他完全都不放在心上，所以有時會給人「這個人怎麼怪怪的？」的感覺。那麼，水瓶座《蛇》到底想要的是什麼呢？其實，他是希望能夠做到「你好，我好，大家都好。」的人生境界。水瓶座《蛇》能和所有他身邊的人都成為好朋友，能去關心身邊的每一個人，這就是水瓶座《蛇》給他人溫馨包容的感覺。

水瓶座《馬》性格與情感

水瓶座是個多變的星座，他自己本身多變，對於每一件事情都有不同的看法，對於他不知道的事，更是有興趣；而生肖馬，光聽生肖就知道是個「好動」的個性。水瓶座《馬》對於自己的另一半，一定也希望對方是個「多變」而能應付自己的人。

在愛情世界中，水瓶座《馬》是要享有主導權的人（不論男女）。那麼，水瓶座《馬》是不是會嘗試去掌控對方呢？當然不會，**他只是不想要也不喜歡過那種「拘束式戀愛」、「被對方緊盯著的愛情」，或是遇到那種不喜歡講話的對象，這些都會讓他有無比煩悶的感覺。**

有時候，水瓶座《馬》對於心儀的對象，在要求對方的同時，他也會要求自己，要做到對自己能有求新求變的表現，要讓對方有新鮮的感覺，這樣的感情才不會無聊嘛！通常，水瓶座《馬》都會給人對感情沒定性的感覺，一方面是他尋尋覓覓，要找他自己滿意的，又要對方能對自己有幫助的。

水瓶座《馬》不但有令人羨慕的能力與才華，更有一股特別的氣勢。唯獨有一點，可能會讓來往的朋友受不了，那就是水瓶座《馬》對「錢」的概念，他的理財能力真的很差，好像一點「金錢觀念」都沒有。所以需要找一位善於理財的對象，好好幫自己將賺來的錢好好運用才行。

水瓶座《羊》性格與情感

在水瓶座《羊》的愛情世界中，可是急不來的，非得要一步步來，否則他會被嚇跑，然後就悄然消失無蹤了。因為他對感情的態度是「平淡型」的，最好是平平順順的感情模式，他不要那種嚇死人的「死纏爛打型」人物。

本來水瓶座《羊》的人生，在每一件事上，都應該要在不慌不忙中，一件一件把它做好。水瓶座《羊》認為，千萬不要急壞了自己，然後什麼都沒有辦法做好，感情大事當然包括在內，水瓶座《羊》認為這是「重大事項」。

不過，因為水瓶座《羊》這種「憑感覺」談戀愛的方式，完全依他自己的個性來走，有時又會談了一些「不該談」的愛情，讓自己陷於「兩難的困境當中。偏偏水瓶座《羊》又認為「只要我覺得這是對的就好了！」，因此常會傷害到自己和別人而不自知。

沒錯，「愛情」是自己與情人在談的，別人可管不著，但也不能只想到自己而不去顧慮別人吧！因為，水瓶座《羊》有時即使是愛上了不該愛的人，可能都會認為「沒關係啦！自己高興就好囉！」，這不就傷害了別人了嗎？**水瓶座《羊》真的是要好好的克制自己一下，不要太依著自己的性子走，有時還是要想一下別人的感受。**

原本生肖羊是屬比較弱勢的個性，可是加了水瓶座這獨立的星座特性之後，反倒成了一個很能發展自己實力，又很有自己想法的人，要做什麼就去做吧！沒什麼好怕的！水瓶座《羊》就是給人比較自我的感覺囉！

水瓶座《猴》性格與情感

由於水瓶座《猴》天生受人歡迎，常在不知不覺中，就會有些「愛慕者」來主動示愛，這反倒會讓他有不知該如何處理的感覺。水瓶座《猴》連怎麼這麼受歡迎都不懂，真讓人受不了呀！

當然，水瓶座《猴》的天生條件就很不錯，問題是他自己有時真的是搞不清楚狀況，和這個也不錯，和那個也很好，弄得在別人眼中，他很花心哦！其實水瓶座《猴》是把大家都當成是普通朋友吧！可是別人不見得會這麼想啊！這一點他真的要注意一下。

可是當水瓶座《猴》真的喜歡上一個人的時候，他真的會對對方很好，而且他有一項優點真的不錯，那就是**不會非常的要求外貌，不改水瓶座對於他人要有深層靈性的內在要求**。但水瓶座《猴》自己卻很會修飾外表哦！另外，他的脾氣非常好，很少會亂發脾氣，而且當他遇到愛情裡出現三角關係，會非常的排斥與不解。如果，水瓶座《猴》碰上這種問題，一定會馬上用他那清晰的頭腦分析，然後做出一個最正確的抉擇，肯定不會去陷入這種三角習題。

水瓶座《猴》天生就是很有人緣的，不但平常很會講話，而且能把身邊的每個人都安撫得服服貼貼，所以大家總是對他讚譽有加。水瓶座《猴》在邁向權力高峰時，仍舊不會變成勢利的人，反倒在一步步向高位去時，能得到很多人的幫助及鼓勵呢！

水瓶座《雞》
性格與情感

水瓶座《雞》可能是水瓶座與所有生肖組合中，最有自己個性的組合，只要是自己決定的事，是不會放棄的勇往直前，直到做到成功為止。然而水瓶座《雞》好像運勢都不算太好的樣子，幸運之神好像不太眷顧他。

在愛情世界中，水瓶座《雞》總是一個很有主見的人，不會輕易掉進感情漩渦中，水瓶座《雞》看得很清楚，這也是他有時候會給人比較「現實」的感覺。因為水瓶座《雞》不會是純粹的談感情，還必須要看對方符不符合自己的要求，這就是他，條件不符合水瓶座《雞》標準的不要來鬧場啊！

一旦水瓶座《雞》選定了對象，他可是希望對方能比自己付出多一點，要能照顧自己，讓自己好好享受幸福浪漫的感覺。當然水瓶座《雞》在對情人的要求，也會全力以赴的，這是天生個性，他一定會保護自己身邊深愛的人。

水瓶座《雞》是個追求現實人生的人，可以比較容易去適應現在這個繁忙又現實的社會，而能為自己爭得一席之地。水瓶座《雞》永遠在外人面前表現得令人讚賞，真的是很會變、變、變的人，對自己有興趣的每一件事，常常熱衷沒多久，就一下子沒勁了。

雖然不是一個有恆心毅力的人，卻很熱心的去幫助自己的朋友，不是那種「不管他人死活」的個性。可是千萬別把什麼重責大任交給他，水瓶座《雞》可能會受不了那種壓力！

水瓶座《狗》性格與情感

水瓶座《狗》的個性是非常喜歡照顧他人的。因此，可能每天很忙碌的過日子，但是卻是樂此不疲。照這樣看來，水瓶座《狗》好像應該是會和自己的戀人，保持著很親密的關係，其實才不是這樣呢！他是一個需要有自己空間的人，這是水瓶座《狗》天生的個性。

在愛情世界中，水瓶座《狗》覺得兩個人並不需要24小時膩在一起（偶爾也要喘口氣啊！），更不需要時時刻刻知道對方在幹什麼，重要的是那份在彼此心中的「款款深情」，如果不能互相深刻的認識、深入的了解，那麼這份感情還有什麼意義呢？

不過，可能就是因為水瓶座《狗》這種能夠「收放自如」戀愛哲學，反而很能抓住對方的心與人；而因此讓對方認為他真是很有意思的哦！想到他，他就會出現陪伴，想要自己一個人的時候，水瓶座《狗》也不會來打擾，真的是很善體人意，讓人喜歡。

「婚姻」對水瓶座《狗》來說，是需要維持及關心的，如果不用心，又怎麼能好好維繫自己的「完美婚戀」？所以水瓶座《狗》會和另一半用心經營。

水瓶座《狗》不是一個有私心的人，而且非常能會為大家著想。他有求新求變的個性，渴求知識的他非常的積極學習，大家有問題，都會想要來請教他。每天看到水瓶座《狗》都是那麼的有朝氣、有實力，對自己的未來充滿著希望，只不過常會因為沒有深入去了解每件事情，只看到表面，這一點要特別多注意。

水瓶座《豬》性格與情感

水瓶座《豬》平時表現出來的，就是他那「心平氣和的悠哉悠哉」，因此只要一接近他，每個人都覺得很舒服自在。可是碰到挫折時，他可不會逃避，水瓶座《豬》一定是全力以赴，這是他另一個迷人的優點。

在異性的面前，水瓶座《豬》是很有吸引力的，這點他其實最清楚，第一：他有著熱情但是不濫情的哦；第二：他的言談很風趣，那是他因為知識豐富，能充分與人對談；第三：他舉手投足之間很優雅，不會匆匆忙忙的給人壓迫感；第四：他通常對別人都是多加讚美，很少會去批評，讓大家覺得和他在一起，總是有愉快的體驗；第五：他是一個很好的聽眾，能仔細去聽對方想要傾訴的心事，還能善加回應，畢竟這一點是很多人做不到的。大部分的人都是只顧著講自己的，很少會去回應別人。

在水瓶座《豬》有了喜歡的對象時，他會表現得很細心哦！甚至會去為對方做很多事，能努力去了解對方的心裡感受。這些都能讓對方感覺水瓶座《豬》很窩心；只不過，他有時難免會顯露出自認為自己很不凡的表現，讓人覺得有點臭屁。其實，另一半不妨多包容水瓶座《豬》一下吧！

水瓶座《豬》是個給人溫馨舒適感的「小暖陽」，一方面知識很豐富，另一方面個性脾氣很溫和。因此，給人的感覺很舒服，可以沒有壓力的與水瓶座《豬》相處。**水瓶座《豬》天生頭腦就很清晰，自然對很多事情的評判解析能力就很棒！**只不過，水瓶座《豬》並不是一個攻於心計的個性，所以通常能把事物看得很仔細，但不會去做不該做的事情。

CHAPTER 12
雙魚座

雙魚座的血型鑑定

雙魚座A型

雙魚座A型是個心地善良、沒有城府的人，因為他的善良是本性，他喜歡助人，也很能夠幫助朋友解決困難及問題。不過雙魚座A型來者不拒，常常也會為自己帶來困擾，雙魚座A型必須要懂得拒絕，才不會給自己找麻煩。由於雙魚座A型認為愛情是純潔的、超然一切的，所以常常對愛認識不清；也因為雙魚座A型常對愛情過於幻想，因而容易受到傷害。

雙魚座A型是個很敏感的人，只要別人一有困難就絕對相助，單純又善良，就是這樣，雙魚座A型人緣非常好。要說他是個好人沒錯，不過不如說他是個「濫好人」，任何朋友的請託及要求，雙魚座A型都不會拒絕，常常因此替自己找來不少困擾。

在工作上，雙魚座A型是一點野心也沒有，只要能交差了事、能過關就好，因此給上司及同事感覺他很懶散，做事也不積極，又因他不善與人競爭，所以在工作場合中，常常不能發展自己的才華，其實雙魚座A型很有藝術的天份，應該在這方面努力才對。

雙魚座A型在財運方面，不是很會賺錢，不過他也不是很會花錢，他覺得得過且過，夠用就好。對於感情，他完全是活在王子公主的幻想世界，真是浪漫唯美到了無可救藥的地步，因此，奉勸雙魚座A型實際一點，快醒醒吧！

雙魚座B型

雙魚座B型這個血型星座的搭配，是雙魚座中比較有主見的一型，而且行動也比較快，不會像其他雙魚座比較慢，慢到根本不積極，但是雙魚座B型在對朋友或同事，是非常用心而且熱情的。

雙魚座B型想到就做，但是他沒有什麼恆心，常常會半途而廢，因為他遇到挫折不會努力去改變或爭取，而是退縮。其實**他是很有才能的，只是一定要在一個自由自在、無拘無束的工作環境，才能讓雙魚座B型發揮**。

雙魚座B型在眾人當中，算是人緣不錯的星座血型搭配，可是由於他太會做人，反而讓人覺得有點「八面玲瓏」，這是雙魚座B型想引起大家注意的舉動，但是有時太過頭，反而讓人看起來是任性的、不合群的。在用錢方面，雙魚座B型真是完全不吝嗇，喜歡就買下去，高興就花個夠，一點都不會去在意還有沒有餘錢過生活，反正花了再說，到時候沒錢再想辦法囉！

當雙魚座B型愛上一個人的時候，毫無保留，但無法持久愛同一人，往往喜新厭舊，常有想換情人的跡象，這樣不好喔！

雙魚座B型對於愛情是喜歡一個人的時候，什麼都不管了，只要擁有對方就好，就算全天下人反對，只要雙魚座B型喜歡，不會去管別人在想什麼。每一段愛情對雙魚座來都是認真的，真的都是全心全力付出的。

雙魚座AB型

雙魚座AB型是個很能表現個人魅力的星座血型，在團體中人緣極佳，因為朋友都喜歡找他吐苦水，找他當情緒垃圾桶，他們也都能靜靜聆聽，而且給予朋友安慰，讓傾訴者總是很感動。

雙魚座AB型外表給人是很和順、很好講話的人，他對人都很好，因此人緣很好。但其實**雙魚座AB型是個很會保護自己的人，不願別人去探知他的內心世界，雖然在外的表現是對每個人都很好，但那僅是淺交即止**。他在任何場合都能表現得很合作，很會照顧別人，會替別人想，像這樣人緣好自然不在話下。

雙魚座AB型在工作方面是理想高遠、志氣遠大的，但他不切實際的個性，影響了他未來的發展，也因此雙魚座AB型常會認為這工作不適合自己。其實問題都在雙魚座AB型，因為他想得多做得少，自然就沒辦法完成每一項工作，在工作態度上，雙魚座AB型一定要練習追求卓越才行。

在財運方面，雙魚座AB型太會花錢，常使自己陷於沒錢可用的時候，花錢的時候，不會考慮一下真的可以用多少，這是雙魚座AB型最大的致命傷，節制花費是他最需要學習的功課了。

碰到感情的事，雙魚座AB型就不容易走出來，對於感情想得過於美好，而忽略了眼前的實際生活。把「愛情不能拿來當飯吃的！」這句話抛到九霄雲外。這點，雙魚座ＡＢ型一定要搞清楚，不要讓一場升溫過度的感情毀了他。

雙魚座Ｏ型

雙魚座Ｏ型是個會為自己美夢成真而去打拚的人，「人類因夢想而偉大」，這句話用在他身上真是再恰當不過了。在工作上他是認真的，不過與世無爭的個性，造成了雙魚座Ｏ型比較不會為自己爭取應有的福利或更好的職位。**雙魚座Ｏ型很有同情及幫助人的好心腸，對弱小一定會伸出援手，因此很受人歡迎，他不會擺架子，更是使雙魚座Ｏ型在工作場合中受到同事喜愛。**

在工作上，雙魚座Ｏ型雖然不想與人競爭高位，但是會把事情做好。雙魚座Ｏ型很想在工作上有所發揮，但又很怕失敗挫折。他心裡總是想好好表現，可是又怕因為搶功而造成同事不滿，所以，過多的顧慮，反而讓雙魚座Ｏ型無法在工作上大顯身手。

雙魚座Ｏ型對於金錢也是不脫雙魚座的本性，沒概念會亂花用，一定要學著好好計畫，了解並學會善加運用金錢，否則的話很難有所積蓄。

雙魚座Ｏ型對於感情也是抱持著夢想的態度，所以不切實際，而且常常幻滅。雙魚座Ｏ型對於感情是有憧憬的，有如童話故事般，讓人覺得幸福、快樂又美滿。不過，現實生活與想像總是有段距離不是嗎？

雙魚座＋十二生肖完全解密

雙魚座的鼠：幻想力豐富的鼠
雙魚座的牛：幽默的牛
雙魚座的虎：不受束縛的虎
雙魚座的兔：喜歡交友的兔
雙魚座的龍：自信滿滿的龍
雙魚座的蛇：冷傲的蛇
雙魚座的馬：有生活計畫的馬
雙魚座的羊：有才華的羊
雙魚座的猴：很有奮鬥力的猴
雙魚座的雞：不切實際的雞
雙魚座的狗：誠實善良的狗
雙魚座的豬：才華橫溢的豬

雙魚座《鼠》性格與情感

雙魚座《鼠》敏銳、靈性，只是他絕對不會屬於強勢的一方，所以他是一個很受到大家歡迎的人。他的腦筋非常好，這點是雙魚座《鼠》值得好好運用的。在愛情世界中，他會很仔細謹慎去尋尋覓覓適合自己的伴侶，對於他來說，感情的表現是溫和的、不炫耀的。因此在愛情世界的表現，雙魚座《鼠》似乎也比較屬於「哲學家」型的人。

「另一半」，在雙魚座《鼠》心中的定義，必須能夠與他做一個「從內到外，從心靈感應到日常生活」，能全面性溝通的對象。否則，他會覺得很無趣。由此可知，雙魚座《鼠》有一個比較重視「精神」、「心靈」層面的戀愛觀點。

對雙魚座《鼠》來說，現實生活和感情生活是一樣的重要。不能說今天只要有了一份好的工作，就可以終身不婚，這一點，他做不到。基本上，**他對感情其實是很依賴的，在人生道路上，工作與感情是在一個並行的軌道上，不會有什麼誰輕誰重的差異。**

對於婚姻，雙魚座《鼠》很慎重，而且真正要找到一個令他滿意的對象，似乎條件也不低。因此，在雙魚座《鼠》找到之後，一定要好好把握。他是個長不大的孩子，很容易傻傻地去相信別人。當然，現代社會這種天真的人真的不多了，雙魚座《鼠》保持純真是沒錯，可是還是要知道如何保護自己，這才是他在這個現實社會中要好好學習的。

雙魚座《牛》

性格與情感

雙魚座是一個富於幻想空間的星座，而生肖牛是實際的個性，因此這一組合，成了雙魚座與所有生肖組合中比較有活力的個性。可是雙魚座《牛》仍舊有敏感的部分，不太願意讓別人了解自己的內心世界：「我該做的事情，我都會去做，但別想來探尋我的隱私！」。

在愛情世界中，雙魚座《牛》，生肖牛的特性表現得比較強，因為雙魚座對感情比較細膩，而且也比較溫和；但是生肖牛卻是比較有占有性，對於自己的另一半，希望可以完全掌控。

應該是說，雙魚座《牛》的要求似乎特別的多，這話該怎麼說呢？雙魚座有比較希望享受人生的個性，但又想要有一份屬於自己能掌握的感情。而生肖牛是一個希望事業有成的個性。這樣可能會給雙魚座《牛》自己壓力哦！**雙魚座的想像力很好，然後生肖牛會執行。因此，雙魚座《牛》是一個可以充分發揮自己想像力的組合。**

在愛情世界中，雙魚座《牛》希望投入自己的生命能量，享受為自己談戀愛的感覺，不要被大家知道或干涉，雙魚座《牛》心目中的兩人世界是很幸福的。其實他只是表面在感情中表現得較為強勢，私下仍是「敏感」容易受傷的，其實，雙魚座《牛》若能學會偶爾將不滿的情緒發洩出來，對他會比較好喔！

雙魚座《牛》有認真勤奮的觀念，但卻沒有生肖牛的牛脾氣，因為多了雙魚座的溫順。因此，他給人一種溫和中帶著執著的個性，很多事若是交給他辦一定都可以很放心，雙魚座《牛》很可靠的！

雙魚座《虎》
性格與情感

雙魚座《虎》不但情緒豐富，更是一個敏感的人，而且反應會很明顯，很快速；應該說是雙魚座《虎》**總是很直接的表現他的性情**，這些都能讓大家深刻感覺到。每個人都希望被讚美的，雙魚座《虎》更是不例外，只不過有時他對於讚美會比較不好意思接受，但心中是很高興的。

不要看雙魚座《虎》好像是個很能直接表達感情的人，其實，他最不善於表達的就是「感情」，怎麼說呢？其他的事怎麼樣都可以聊個兩句，也很能和大家相處融洽，偏偏在碰到緊要關頭的時候，反倒是無法順利表達出自己的感情。雙魚座《虎》在面對感情時，最需要的是把自己心裡的話說出口的動力。

當然，如果雙魚座《虎》喜歡的是一個外向活潑的異性，自然戀人就能來帶動雙魚座《虎》，充分表達出自己的感情。可是如果是個內向的異性，可能就要靠雙魚座《虎》自己來發揮了，感情不說出來，別人怎麼會知道？雙魚座《虎》對於婚姻生活看得很慎重，希望得到另一半的重視；同樣也很重視另一半，只要是該做的事，他一定全力以赴，對方會很窩心。

雙魚座本來就是一個情緒很豐富的人，現在又加上了生肖虎，那更是在豐富的情緒之外，還能直率地表達自己的想法。因此，雙魚座《虎》可以說是一個不會隱藏自己情感的人，有什麼就會表現出來，比較真。想哭就哭，想笑就笑，完全不會想要掩飾自己。

雙魚座《兔》性格與情感

雙魚座《兔》有著很保守謹慎的個性，而且很會為自己身邊的親朋好友設想。因此，他是一個很需要安全感的人，只要讓他有安全感，那麼雙魚座《兔》在朋友面前的表現會很開朗。

雙魚座《兔》對於「愛情」的定義是「溫馨實在」，而不是那種虛浮的花言巧語。因為他本身就是一個很樸實的人，所以對「愛情」的定義就是：**「要談戀要就是能長長久久的，不要那種曇花一現。」，雙魚座《兔》不要一時的炫麗，這樣才能讓戀情長久不退溫。**

如果會覺得和雙魚座《兔》談戀愛必定是很「無聊至極」，那就錯了，每個人對自己的「愛情」都是抱持著希望的，而且也有自己一套和愛人相處的模式。雙魚座《兔》和愛人相處時，很能散發出自己的魅力，那種溫和有禮又很舒服的感覺，會讓自己和另一半覺得很美好。雙魚座《兔》對於「婚姻」，也有小心謹慎的表現，而且他很會經營自己的婚姻，在婚姻之路上，雙魚座《兔》是能夠很順利跳著兩人的圓舞曲。

雙魚座本來就是個很愛幫助朋友的個性，再加上生肖兔也是來者不拒、通通幫忙的個性，因此，雙魚座《兔》可以以別人的立場來看待事情。雖然這樣會擁有很多朋友，很深得人心，可是也會容易失去自己的立場，一旦要做重要決定時，反而下不了決定。雙魚座《兔》應該要有自己的生命抉擇，這樣才能顯出自我的個性。

雙魚座《龍》性格與情感

雙魚座《龍》本身就是一個具有天生魅力的人，第一：口才好；第二：通常長相都不錯；第三：很有「自信」，這自然就能散發出他的魅力；第四：話題多，而且還很會看人臉色來說話。通常有以上這些特點，就可以讓雙魚座《龍》所向無敵了。

但有一個麻煩，那就是雙魚座《龍》這種能言善道的口才，當然很能吸引異性，可是也會讓某些異性對他「敬而遠之」，太不放心跟雙魚座《龍》在一起了；因此，很有可能會因此而喪失一些好的機會，得要靠自己睜大眼睛好好的看、好好的找了。

有時候大家會看不出來，雙魚座《龍》的感情取向，因為他自己都表態不明了，別人又怎麼會知道？這主要是他具有魅力，身邊追求的人自然多了，雙魚座《龍》不曉得選誰才是最好的。在此要奉勸雙魚座《龍》，不要好像和每個人都很好，萬一哪天真的喜歡上一個人，人家也不知道雙魚座《龍》到底是真是假？對於「婚姻」，雙魚座《龍》抱著很慎重的看法，問題是他如果個性不改的話，身邊還是有太多的異性晃來晃去，會成為雙魚座《龍》婚姻生活的問題。

雙魚座《龍》是個很有智慧的星座血型組合，不過，他有時會「聰明反被聰明誤」，自己一定要謙虛、小心一點；多加強自己的內涵，相信會有很好的表現。多交朋友對雙魚座《龍》也會有很大的幫助，並不是要去找一些「狐群狗黨」，而是要認識一些對自己真正有益的朋友，畢竟「友直，友諒，友多聞」呀！

雙魚座《蛇》 性格與情感

雙魚座《蛇》的外在是很具有魅力的哦！只是他個性沒那麼強，因此給人一種「溫和」的感覺。還有，雙魚座《蛇》的敏銳度很好，這個能力能用來測試很多事情是對或是錯，不過，要建議雙魚座《蛇》，這只是一種「感覺」上的認知，可不能拿來判斷每一件事情喔！

有生肖蛇的組合，似乎都給人一種精明幹練的感覺，好像很厲害，偏偏碰上雙魚座的組合，卻成了一種不夠俐落的精明。當雙魚座《蛇》在面對愛情時也是如此，一切都是那麼的浪漫動人，似乎是不食人間煙火，而且雙魚座《蛇》會深深的陷入自己的愛情世界中。

不過，**有一點是雙魚座《蛇》很慎重的地方，那就是他不會輕易的投入一段感情，一定會事前仔細的考慮清楚之後，才會做決定**，這中間可能時間也就拉長了。但是只要在他決定對象之後，通常都能享受兩人世界所帶來的甜蜜。對於婚姻，他是非常慎重的，而且希望能永遠沉溺在兩人世界中。不過，婚姻也是一種責任，婚後，雙魚座《蛇》就必須要有責任與擔當了。

雙魚座《蛇》是一個比較容易被動搖的個性，看到什麼都覺得不錯，都想去學，想去擁有；當然，這是很困難的，一個人的精力有限，怎麼可能每件事都學會呢？不過，雙魚座《蛇》倒是真是有很強大的第六感，又是個很有學習能力的人。但是他的耐性有一點差，需要好好補強一下，那就更棒了。

雙魚座《馬》
性格與情感

雙魚座《馬》的愛情，是屬於比較被動的表現，或許大家在碰到生肖馬時，都認為他應該是比較外向的，可是加上了雙魚座之後，似乎變得感情觀較為保守。當然，深入了解雙魚座《馬》的人，就會發覺他個性中的那些優點所在。

對於愛情，他是很溫和的，而且很有自己的想法，但當他喜歡上一個人，就很難去更改他的想法了。雙魚座《馬》是屬於保守戀愛型的人。

對對方來說，雙魚座《馬》這種對象可真是很棒的，不但細心體貼而且個性溫和，在愛情世界中，很能贏得別人的喜愛，會對自己的愛情有所要求，希望不要有人來打擾，讓他自己可以和愛人好好享受甜蜜的一切。

雖然雙魚座《馬》在愛情上的表現不明顯，可是那種含蓄之美，不誇張的表現，很能讓另一半欣賞及愛慕，盡量把握這個愛情優勢吧！對於「婚姻」，雙魚座《馬》是慎重的，雖說他在「愛情」上，表現得很溫和，可是在對「婚姻」的決定上，他可是很仔細，不會亂下決定。

雙魚座《馬》的個性比較活潑一點，很能和周圍大夥打成一片，而且又很有幫助人的熱心，和大家都很好；只是仍免不了會有比較憂鬱的情緒，有時候會無法面對自己眼前的困難，雙魚座《馬》這點或許需要改進，當然，活潑的本性不會讓他有太多的難過時間，雙魚座《馬》一定會很快恢復的。

雙魚座《羊》
性格與情感

雙魚座《羊》的身上有一種溫和的氣質，會讓大家覺得他的脾氣真的很好，的確也是如此，而且他還很熱心助人呢，朋友們都很喜歡他。通常，雙魚座《羊》的愛情世界，也算是精彩的哦！當然不是說有什麼瘋狂的戀愛表現。而是他天生的溫和態度所具有的魅力就很吸引人。

不過，雙魚座《羊》是很慎重挑選自己喜歡的對象，並不會如同他的交友一般，來者不拒。雙魚座《羊》喜歡就是喜歡，不喜歡就是不喜歡，他可是分得清清楚楚的哦！

雙魚座《羊》在有了自己的心上人時，會對對方很好，以他善解人意的個性，會全心全意的善待對方，這也能讓另一半感覺到非常甜蜜溫馨的幸福感。另一半可以放心的是，**雙魚座《羊》雖然對朋友很好，但是很懂得朋友和戀人之間的分寸限界，不會全心全意只為朋友拔刀相助，一定會全心全意對待雙魚座《羊》自己心愛的人。**

不過，還是要告訴雙魚座《羊》，當有了另一半時，和朋友之間的距離要劃分清楚一點，不要引起無謂的爭執，這些是雙魚座《羊》可以事先避免的，最好小心一點，畢竟一段好的戀情得來不易。

雙魚座《羊》的個性似乎是太感性了，完全會以別人的立場來看自己該怎麼做，如此，好像自己一點主見都沒有，而且說不定會碰到一些自己不願去做，但為了別人又一定要去做的事，如此自己心裡會很不高興，超級不開心的。雙魚座《羊》應該要有自己的個性、看法和做法，才會讓生活更好。

雙魚座《猴》
性格與情感

雙魚座《猴》由於個性比較溫和的關係，有時候在面對感情的表達時，似乎不太明確，這可是常會讓自己陷於困境中的哦！因為，雙魚座本身在感情世界就是一個魅力人物，因而會有很多的戀愛機會，萬一雙魚座《猴》表達不夠明確時，說不定會有混亂的「多角關係」出現，雙魚座《猴》自己要小心喔！

另外，**雙魚座《猴》是個喜歡追求新鮮、有趣又有美感的感覺，如此又可能給人不穩定的印象**。不過，這是他的天生個性，似乎改變不了，而且雙魚座《猴》還很需要「自由自在」的生活，真是讓人捉不住他哦！偏偏很多人就會被雙魚座《猴》這種個性表現吸引，可是他呢？一副「他要喜歡我，我也沒辦法啊？」會不會氣死人呢？

雙魚座《猴》對愛情到底是什麼看法呢？他不是屬於主動的一型，完全是很被動的，而且似乎是順著自我感覺在走，雙魚座《猴》並沒有一定要怎樣，或者對這份「感情」有什麼要求——似乎都沒有！

雙魚座《猴》對於婚姻也是屬於那種如果時間到了、年齡到了，那就結婚的類型。他沒有什麼特別條件或要求，似乎一切是那麼水到渠成，一切順順利利的樣子……

雙魚座《猴》是很能適應於現代社會的組合，一方面是他耐挫力不錯，另一方面是情緒總是很平穩，不太會受到外界的刺激與影響，仍舊可以自己做好自己的事，然後成功。只不過，他偶爾可能會有那種「嗯！自己好厲害，什麼事都能做到盡善盡美，哈哈哈！」，這種不自覺的自信會表現出來，要懂得適時克制一下。

雙魚座《雞》

性格與情感

雙魚座《雞》是個「想像力」很強的人，因此很多環境是他可以生存的，只是看他的選擇而已，雙魚座《雞》認為不適合就悄悄溜走。

在愛情世界中，雙魚座《雞》仍舊不改生肖雞的敏感，對於自己並不是很有自信，其實真的是他多心了，凡是雙魚座的組合，在愛情世界中，都是很有魅力的。只看他們要怎麼去表現罷了，本來「自信魅力」就是從內心發出的。

雙魚座《雞》是個很聰明的人，甚至有著別人所沒有的很強的「感應力」、「敏銳度」，應該要多多運用；再加上他聰明的頭腦，雙魚座《雞》能說自己不是一個很有魅力與自信的人嗎？

愛情的產生，一定是雙方都有來電，相信敏銳的雙魚座《雞》一定能察覺，完全只是看他願不願意去感覺及接受而已。雙魚座《雞》要拿出最真實的自我面貌，一定可以找到一個自己想要的終身愛情，只要用最真誠的心，互相了解，那麼就會擁有完美的婚姻生活。

雙魚座《雞》的第六感是很敏銳的，再加上腦子轉得很快速、很會思慮，因此常會只憑感覺就去做一些事情，這有時候會給人家不實際的感覺，而且雙魚座《雞》似乎老是活在自己的想像世界，不夠腳踏實地。雙魚座《雞》有很強的企劃能力，但更需要實際的一些想法和做法。

雙魚座《狗》性格與情感

雙魚座《狗》的愛情世界並不像其他雙魚座是屬於比較內向、被動的，而是屬於能主動出擊，又比較有活潑熱力的。希望自己喜歡的另一半能了解自己，當然相對的，自己也會讓對方多多來發掘自己。

由於雙魚座《狗》這種比較強烈的表現，自然是會希望能掌控對方的一切，然而有的人非常不喜歡哦！不過，**通常雙魚座《狗》是很有魅力的，一方面是熱情活潑，一方面是天真不做作。所以大家在一起時，雙魚座《狗》是個受歡迎的人，只是他的「愛情誠意」是必須要長一點時間來證**

明，所以，最好是多方面去考慮清楚，再去想自己的婚姻該何去何從。

有的人會覺得雙魚座《狗》的占有欲似乎是過於強烈了，那是因為他怕失去這種「甜蜜感」，換句話說，就是對愛情的「安全感」不夠，另一半想要雙魚座《狗》不要這麼「緊迫盯人」，就一定要對他充分的付出，讓他能放心，否則對於雙魚座《狗》來說，他可是絕對不會鬆手的。

雙魚座《狗》對於婚姻是抱著很「神聖」的態度。一定要在確定自己對這份感情無怨無悔時，才會好好的維護他的「婚姻」。雙魚座《狗》是個很有新穎想法的人，他腦筋真的是反應很快，甚至是隨便看到一個突發狀況，就能有新的解決辦法。這可必須是要有個靈活頭腦才可以呢！雖說雙魚座《狗》是很具有理想抱負，可是不屬於那種「野心野望」的表現，而是想要把自己的理想實踐出來。

雙魚座《豬》

性格與情感

雙魚座《豬》看到這個組合，就知道他一定是非常溫和的人，而且在團體中一定是受到歡迎的人。雙魚座《豬》對於人際關係總是展現他的包容力，可是他在工作事業上，又希望能有一番不同於別人的表現，雙魚座《豬》是很努力的哦！

在愛情世界中，**當雙魚座《豬》有了喜歡的對象時，他的表現是很出人意外，他是那種一定要得到為止，一直到追求成功的強勢份子，**當然勇於追求愛情是很好，但一定要弄清楚，到底這段感情適不適合他？既然要談，就要談一段適合雙魚座《豬》的戀情。雙魚座《豬》一旦陷入愛情世界中，總是表現得很有活力和朝氣！他有能夠掌握感情世界氛圍的高超能力。

雙魚座《豬》只要墜入情網，就必須談一份有保障的感情，而且是那種很純情式，不會見異思遷，鬧成椎心刺骨的三角戀情。當然，雙魚座《豬》對於自己的愛情，他是有計畫的，不是那種有得談就談，沒了也罷的人。尤其他要求的是很穩定的感情生活，計畫一定要能趕得上變化才行。對雙魚座《豬》來說，看清愛情的本質，互相真切的了解彼此，才是「摯愛」的礎石。

雙魚座本來就是一個溫和的表現者，只是比較沒有嚴格規劃自己的能力，而生肖豬是個行為舉止都很照規矩來的人。所以，這個星座血型組合是個謹守本分的個性，不會有太大的野心，不會有踰越規矩的行為。自己份內的事，他都會負責任好好完成，只是雙魚座《豬》比較怕挫折，一定要想辦法克服才行。

國家圖書館出版品預行編目(CIP)資料

星座x生肖=144種戀愛性格超解析！/ 趙心如編．——
初版——新北市：晶冠，2018.02
面；公分．——（趣味休閒；8）

ISBN 978-986-5852-49-8（平裝）

1. 占星術　1. 生肖

292.22　　104004740

趣味休閒　08

星座x生肖=144種戀愛性格超解析！

作　　者　趙心如
副總編輯　林美玲
特約編輯　韓小蒂
校　　對　謝函芳
封面設計　Maffrey Inc.
內頁插畫　房立儒
出版發行　晶冠出版有限公司
電　　話　02-7731-5558
傳　　真　02-2245-1479
E-mail　ace.reading@gmail.com
部 落 格　http://acereading.pixnet.net/blog
總 代 理　旭昇圖書有限公司
電　　話　02-2245-1480（代表號）
傳　　真　02-2245-1479
郵政劃撥　12935041 旭昇圖書有限公司
地　　址　新北市中和區中山路二段352號2樓
E-mail　s1686688@ms31.hinet.net
旭昇悅讀網　http://ubooks.tw/
印　　製　福霖印刷有限公司
定　　價　新台幣250元
出版日期　2018年02月　初版一刷
ISBN-13　978-986-5852-49-8

趣味休閒

趣味休閒